センスのいらない経営

株式会社Gunosy創業者
福島良典

SOGO HOREI PUBLISHING CO., LTD

はじめに

読者のみなさんは、普段どのように情報収集をしているでしょうか。テレビ、ラジオ、新聞、インターネットニュース。多くの場合はこういった答えになるのではないでしょうか。

これらの媒体はとても便利ですが、いろいろな情報を私たちに届けてくれる半面、一方的に発信されるものです。「自分が知りたい情報」を得ることはできません。

それでは、具体的に知りたいことがある場合、どのように情報を探すでしょうか。恐らく、インターネットで検索する人が多いと思います。そしてより深く知りたいと思えば、本を読む、論文を読む、あるいは著名人の講演会などに行くと考える人もいるかもしれません。

普段、私たちのもとに受動的に届けられるのは、最大公約数的な、多くの人にとって興味があるだろう情報です。一方で、自分が知りたい情報を得るためには、能動的に集めなければいけません。これほどインターネットが普及し、誰もが簡単に手元のモバイルからアクセスできるようになったにもかかわらず、です。

私はこうした状況に、とても大きなストレスを感じていました。もっと簡単に、もっと自分に適した情報が、自動で届けばいいのに——。

そうした思いから開発したサービスが「グノシー」です。このアプリでは、性別や年齢といったユーザーの属性や行動履歴から、本人の興味を分析し、個人に最適なニュースが自動的に届くようになっています。

詳しくは本文に譲りますが、グノシーのシステムを支えているのは「機械学習」というテクノロジーです。日々集まる膨大な量のデータを適切に機械に与えることで、機械はどんどん学習していき、よりユーザーのニーズに合ったニュースを配信できるようになります。

そう言うと、難しく感じたり、自分たちとは関係ない話だと考える人もいるかもしれません。

しかし、ここではっきりと言いたいことがあります。

テクノロジーは、ビジネスのすべての分野における競争環境を変えていきます。時に、暴力的なほどに。

それは過去を見れば明らかです。かつて人の主な移動手段であった「馬車」は「蒸気機関」というテクノロジーによって姿を消しました。そこからどれだけ速く走る馬を育てても、馬を操る技術を磨いても、ビジネスは成り立たない。それは誰もが当然に理解できることではないでしょうか。

いま、私たちの周囲で起きようとしていることは、それと同じです。いや、変化はより大きく、より速くなっています。

例えば「スマートフォン（スマホ）」です。すでに世界中に普及して、特に新しいものだとは感じなくなりました。しかし、スマホが一般的に普及し始めてからまだ10年あまりです。これほどまでに変化が速い時代は、かつてなかったでしょう。

それでは、これから10年後、世の中はどうなっているでしょうか。その全貌《ぜんぼう》を予想するのは不可能ですが、従来のやり方では生き残ることはできません。正しくテクノロジーを理解し、活用するための知識や技術が、何よりも必要とされるのです。

近年、世の中には「ブロックチェーン」「ＩｏＴ」「ＶＲ／ＡＲ」などの単語が駆け巡っていますが、大切なのは、それぞれの技術進化がいまどのような状況なのか、何ができて何ができないのか、どこにお金の流れが生まれ、これから先どう進化していくかなどを多面的に理解していくことです。

そこで必要なのは、かつて企業を急成長させた経営者が持っていた「経験知」や「勘」、つまり「センス」ではありません。「数字」や「データ」といった、真実だけを告げる指標を正しく見極める力です。商品開発、改善、マーケティング、ユーザー満足度の向上など、あらゆる場面で数字とテクノロジーの組み合わせは力を発揮します。

しかし、その中でも必ず、機械の力が及ばないところがあります。いま、人間の価値は、そこに集約されているのです。それが何なのか、危機感や期待感を覚える人は、本書を読み進めていただきたいと思います。


本書では、この不確実性の高い社会で、どのようにビジネスを展開していけばいいのか、テクノロジーという「基軸」に沿って説明していきます。また、それは個人のキャリア形成や生き方とも重なります。自分が感じる社会的課題、「やりたいこと」をビジネスとして成り立たせるための考え方や姿勢について述べることと併せて、これからの時代に求められる人材とはどんな人材か、「エンジニア的人材」と称して説明していきます。

CONTENTS

第3章 「やりたいこと」で社会に接地する

第4章
「不確実な世の中」を生き抜く思考

第5章 「エンジニア的人材」になる

編集協力　福島結実子
装丁　小口翔平（ｔｏｂｕｆｕｎｅ）
校正　矢島規男
本文デザイン　和全（Studio Wazen）
図表・ＤＴＰ　横内俊彦

第 1 章

「テクノロジー×ビジネス」の視座

テクノロジーが競争環境を変える

人生の基軸にテクノロジーを据《す》える

ビジネスの競争環境は、テクノロジーによって大きく変化してきました。古くは蒸気機関車や自動車です。「石炭を焚《た》いた蒸気で車両を動かす」「ガソリンの爆発力で車を動かす」というテクノロジーによって、かつての「馬車」という移動手段は廃《すた》れていきました。

重要なのは、テクノロジーの進化によって人々の生活が便利になったということよりも、人やモノの動き方、そしてこの例で言えば、「距離」に関する人の感覚そのものが、ガラリと変わったことです。

そうした変化がビジネスの在り方や社会そのものを変えていきます。馬を使って人やモノを運ぶというそれまでのビジネスモデルは、蒸気機関車や自動車の普及によって、あっという間に旧時代のものとなりました。

分かりやすいのは、物流ビジネスでしょう。蒸気機関車を使えば、馬より速く、より多くの荷物を運べる。こうしたメリットを予測し、いち早くビジネスを切り替えることができた人は、物流ビジネスにおいて大きなポジションを取ることができたはずです。

つまり、このテクノロジーに自分たちの仕事や人生を〝かけた〟人たちは成功した。一方で、「いや、あんなものは得体が知れなくて恐ろしい。やっぱり馬がいちばんだ」と考えた人たちがいたとしたら、彼らは時代に乗り遅れていたはずです。テクノロジーは、時に暴力的にビジネス環境を変えるのです。

以上は簡単な例え話ですが、現に、産業革命を受けてグローバルな商流網をつくったイギリスは、一気にライバル国に差をつけ、世界の覇権国家となりました。

私たちの働き方や生き方には、「基軸」が必要です。日々、溢れる選択肢の中から何を選ぶのか、どの方向に進むのか。その基準となるもの。自分の信じる絶対的な拠り所です。

どんなことが基軸になるのかはさまざまに考えられると思いますが、私は、この変化の激しい社会の中で、テクノロジーこそが唯一の基軸になると考えています。テクノロジーを理解し、武器にすることが、これからの時代には必要不可欠なのです。

インターネットによる革命

現在、かつての「蒸気機関車」「自動車」に当たるものが何かと言えば、間違いなく「情報テクノロジー」です。人やモノ、コトが、インターネットを介して容易に繋がるようになりました。このテクノロジーが、人々の生活を劇的に変えています。

インターネットが広まる前まで、人と人との連絡手段は電話か手紙でした。友だちと待ち合わせをするときは、事前に「何時に、○○駅の改札で」と具体的に決めていました。いったん家から出れば連絡が取れなくなってしまうため、駅の改札には、きまって伝言板がありました。

それがいまでは、誰もがスマホを通してインターネットで繋がっています。待ち合わせの約束は「何時くらいに、○○の辺りで」で済みますし、着いたらLINEで「いま、○○にいるよ」「じゃあそっちに行くね」と、簡単に落ち合えます。

そうして移動している間にも、遊びに行く場所や美味しそうなお店をグーグルで検索したり、知人の近況をフェイスブックでチェックしたり、気になる有名人や言論人のツイッターやインスタグラムを追いかけたり、あるいはグノシーのようなニュースアプリで情報を集めたりと、私たちは家でも外でも常時、インターネットにアクセスしています。

こうした変化は、実感として分かりやすいのではないかと思います。スマホを忘れて家を出たときのことを考えると、普段どれだけその小さな画面に頼っているかを思い知るのではないでしょうか。些細《ささい》なことと感じるかもしれませんが、革命的な変化です。

データを元に統計的に考える

情報テクノロジーを考える上で大切なのは、「データ」の使い方です。私たちの行動や、趣味嗜好、興味の傾向は、インターネット上に、まるで足あとのようにして残っていきます。どんなサイトを訪れたか、どんな記事を読んだかといったデータが、「ログ」[※1]として膨大に積み重なっていくわけです。

そんな社会では、データを元に統計的に物事を考えて決めることのできる人が、より正しい答えを出せるようになっています。

そうとはいえ、まったく新しい考え方というわけではなく、昔からそうした手法はありました。例えば、商品やサービスに関するアンケートを元に、どれくらいの人が満足しているか、あるいは不満を感じているかを集計し、商品やサービスの改善に役立てるというようなことです。

しかし、いまは主に二つの理由から、以前より、はるかにデータ主義、統計主義の必要性が増しています。

※1
コンピュータの使用状況の記録や通信の記録のこと

一つは、インターネットから集められるデータ量が、以前とは比べものにならないほど膨大になっているということ。得ることのできるデータの総量が増えれば、当然、ビジネス的な判断や意思決定に与える影響も大きくなっていきます。

そしてインターネットに残るログはウソをつかない。これが二つめの理由です。

ある商品を普段愛用しているユーザーが、些細なことからその商品についてのアンケートに「不満」と答えたとしたら、このアンケート結果というデータは実情を反映していないことになります。回答するときのユーザーのバイアス[※2]が、データに対して実情に合わない誤謬《ごびゅう》を生んでしまうのです。

その点、ユーザーが何かを検索したり、閲覧したり、購入したりしたログには、ユーザーの「正直な部分」が現れます。それに、以前は頻繁に購入していた商品やサービスを急に使わなくなったとしたら、そのきっかけを探すというようなログの追い方もできます。

インターネットの普及によって、得ることのできるデータの量が増えたこ

※2
「偏り」。ここでは考え方や意見に偏りを生じさせるもの

と、さらにデータの質が正確なものに変わったことで、データを元に統計的に考えることの重要性が、かつてないほど高まっているのです。

機械と人間の分業体制

しかし、インターネットを介して瞬時に、多面的に集まるデータの量は、すでに1人の人間が取り扱うことのできる量を超えています。そこで鍵となるテクノロジーが、「機械学習」です。機械学習とは計算機科学の一分野で、ひと言で言えば、人間が行っている知的作業を機械で再現しようというものです。計算機の処理能力によって、人間の頭で行うのと同等のタスク[※3]を、人間の頭で扱うことが不可能な量のデータを用いて、こなすことができます。

機械学習の概念については第2章でお話ししますが、ごく単純化すると、「分けること」や「線を引くこと」というのが的を射た表現だと思います。過去のデータを元に人間の考えた判断基準を機械に覚えさせることで、新たに入力されたデータを正確に分類するということです。

※3 コンピュータが作業する最小単位。ここでは「作業」「職務」の意味

「データを元に統計的に考える」ということの現代的な意味合いは、この機械学習なくしては語れません。

機械にできる、もしくは自動化できるタスクは機械にやってもらい、人間は、目的の設定、モデルの設計、意思決定というような、機械にはできないことをする。そんな「機械と人間の分業体制」を上手に成り立たせることが、ビジネス的な成功を左右するようになっています。

そうした必要性が高まることによって、今後は企業戦略も根本的に変わっていくでしょう。自社をコンポーネント[※4]的に考えたときに、どのコンポーネントを機械で自動化できるか、そのために足りないパーツは何か、技術なのかデータなのか、という視点が大きなウェイトを占めていくはずです。

企業買収で言えば、これまでは「対象企業の利益を買う」という発想が多かったものが、「足りないパーツを買う」という発想に変わっていく。端的に言えば、「技術はあるがデータがない」という会社はデータ企業を買収し、逆に「データはあるが技術がない」という会社はエンジニア企業を買収する。そうした考え方が一般的になっていくと思います。

※4 機械を構成する部品のこと

テクノロジーへの理解がなければ生き残れない

情報テクノロジーに「かけた」企業

おなじみのグーグルやフェイスブック。一般的にはあまりイメージがないかもしれませんが、機械学習を含むテクノロジーの塊のような企業です。グーグルは何を検索しても、たいていは望んでいた検索結果を並べてくれます。フェイスブックは優先的に表示される友だちや広告の選別、友だちの顔認識などを絶えず行っています。

これらのサービスには、この数十年で進化、ないしは応用されてきた情報テクノロジーが全部詰まっていると言えます。

そしてどちらの企業も、いまや世界的なシェアを取っています。かつては、世界中の人々が一つのツールを使うということはまれでした。検索エンジン黎明期《れいめいき》の頃は、アルタビスタ[※5]やヤフーのディレクトリ型検索エンジン[※6]など、複数種類の検索ツールがあり、SNSも各国に類似サービスがありました。日本でも、フェイスブックの前はミクシィを使っていたという人も多いでしょう。

それがいま、世界的に「検索といえばグーグル」「SNSといえばフェイスブック」というポジショニングになっています。これらの企業が、テクノロジーを極めて有効に活用し、それを軸に意思決定をしてきたことの表れです。

このことの重要性は、「特殊な世界」と見られがちなIT業界に限った話ではありません。どんな分野であっても、もっとテクノロジーを戦略的に使い、仕事に生かしていくことが、企業にも個人にも求められる時代になっているのです。

※5
アメリカの企業が開発した検索エンジン。1995年に発表され、90年代後半には英語圏で広く普及したが、グーグルなどの普及により勢力が衰えた

※6
検索エンジンは、ウェブ上に公開されている情報の全文を貯えておき、キーワードによって検索する「全文検索型」と、カテゴリ別に分類されている「ディレクトリ型」に分けられる

大きな変化を何度も経験する時代

テクノロジーを基軸とすることが重要な理由として、その変化が社会に与える影響が大きいということに加えて、進化のスピードが速くなっているということがあります。

テクノロジーによる人々の生活やビジネスの競争環境の激変は、昔から何度も繰り返されてきました。しかし、その時代を生きた人にとって、その変化は「比較的ゆっくりではあるけれど、確実に浸透していく」というスピード感だったのだと思います。ある日突然、往来から馬車が姿を消して自動車が走るようになったわけではありません。

しかし、現代のテクノロジーの進化スピードは、人の意識の変化が付いていけないほどに速くなっています。

例えば、人が運転するより自動運転のほうが事故の確率は低くなるという実験検証が、すでに行われているといわれています。それでも現時点で、「自動運転って便利そう。早く使いたい」と迷いなく言える人は少ないのではないでしょうか。利便性を期待する以上に、「機械任せは怖い」「バグが起こったら事故になるのでは」といった不安のほうが大きいのだと思います。

インターネットが劇的に競争環境を変えることが分かっていながらも、多くの企業や個人がそれに対応できない。その根本にも、こうした原因があるのかもしれません。

昔は、1人の人間が大きなテクノロジーの変化を複数回体験するということは、そうそうなかったはずです。蒸気機関車が誕生したのは19世紀初頭、電車が誕生したのは19世紀末です。当たり前のように馬車を使っていた人が、蒸気機関車に乗るようになり、電車というテクノロジー変革まで体験するということは少なかったでしょう。

ところが現代のテクノロジーは、5年や10年というスパンで、どんどん進化しています。現に、10数年前には存在すらしなかったスマホの普及率は、すでに72パーセント[※7]にも上ります。

テクノロジーの進化スピードは、この先も衰えることはないでしょう。パ

※7 平成29年版「総務省白書」より

ソコンよりスマホのほうがずっと速く普及が進んでいることを思えば、衰えないどころか、さらに加速していくとも考えられます。

１人のビジネスパーソンとして考えたとき、かつては新しいテクノロジーが出てきても、普及し切る頃には現役ではなくなっていました。「最新のものは自分とは関係ない。次の世代にお任せ」でよかったわけです。しかしいまは違います。

私たちは創業以来機械学習というテクノロジーを基軸に据えていますが、同時にほかのテクノロジーにも注目し、どう自分たちのビジネスに絡められるかを常に考えています。「ブロックチェーン」[※8]「ＶＲ／ＡＲ」[※9]「音声認識」など、社会を大きく変えていきそうなテクノロジーが、今日も進化しています。

テクノロジーの変化を読み、生かすことができなければ、企業も個人も生き残っていけません。自分たちが働いている間に大きなテクノロジーの変化が、ボン、ボン、ボン、と複数回起こる。その度に働き方を変えなければいけない時代になっていきます。それが良い時代となるのか、悪い時代となるのかは個人の捉え方次第なのです。

※8
オープンな金融サービスを実現する有望な技術の一つとして注目されている技術。アイデアの革新さや幅広い用途への応用性から、金融サービスにとどまらず実証実験などのさまざまな動きが活発化している。本書では127ページから詳しく扱う

※9
それぞれ、「Virtual Reality（仮想現実）」と「Augmented Reality（拡張現実）」の略。双方とも視覚を利用する技術だが、ＶＲはゴーグル型のスクリーンなど、閉じた世界に視覚映像を投影し、非現実の世界を現実のように感じさせるのに対し、ＡＲは実在する風景にバーチャルの視覚情報を重ねて表示することで、目の前にある世界を仮想的に拡張する

テクノロジーの順序でビジネスを展開する

最初から「ドラえもん」は作れない

唐突な言い方になってしまいますが、テクノロジーに理解のない人は、いきなり「ドラえもん」を作ろうとします。「こういうものを作りたい」という理想が先走り、そこに至るまでの戦略が非常に稚拙《ちせつ》なものになってしまうのです。

テクノロジーを基軸に据えた戦略とは、つまるところ、ビジネスを展開する「順序」を考えることです。テクノロジーが急速に進化している中では、「どういう順序でテクノロジーをビジネスに落とし込み、展開していくか」を探索することが重要です。いまあるテクノロジーを生かせば、こんなことができる。さらにテクノロジーが進化すれば、こんなこともできる。その積み重ねの結果として、最終的にドラえもんを作ることができるのであって、最初からドラえもんを作ろうとするのは、順序が違うわけです。

テクノロジーがどのように進化していくのか。そのすべてを明確に予測することなど不可能です。たとえ、その一手目が現時点で正しいものであっても、これから起こるテクノロジーの変革によって、どこかで必ず軌道修正が必要になります。

その順番を考える上で重要な要素として、「速さ」があります。テクノロジー自体の進化の速さや、世の中への普及の速さ、ビジネスとしてキャッシュフローを生む速さです。

例えば、インターネット上だけで完結可能な検索エンジンやＳＮＳなど、「ソフトウェア」は進化も普及も「速い」という特徴があります。これらに比べて「遅い」のは、そこに「ハードウェア」の掛け合わせが必要な分野です。

ソフトウェアと違い、ハードウェアには相応の設備投資や開発費用がかかります。そのため、ソフトウェア単体と比べれば、ハードウェアを伴うテクノロジーのほうが進化も普及も遅くなるわけです。例としては、「自動運転」や「無人レジ」などです。

グーグルに働いた「ネットワーク効果」

近年、グーグルが自動運転の開発に着手していることは広く知られていると思います。もとは検索エンジンを主としたソフトウェア企業であるはずのグーグルがなぜ、とも思えますが、「テクノロジー×ビジネスの順序」という視点で見てみると、極めて理論立てて考えることができます。

グーグルは、まず「検索」にポジションを取りました。グーグルにも取り入れられている機械学習には、集まるデータが増えれば増えるほど、アルゴリズム[※10]の精度が増すという特質があります。言い換えれば、ユーザーが増えれば増えるほど、機械は最適な検索結果を出せるようになるということです。

そして、データを元にアルゴリズムを作るのは人間です。常に膨大なデー

※10 問題を解決するための方法や手順のこと。プログラムを作成する基礎となる

タと向き合ってアルゴリズムの改善を繰り返しているエンジニアのプログラミング能力は、どんどん向上していきます。

また、グーグルがユーザーを増やすことには、「広告ビジネス」という点でも大きな意味があります。多くのユーザーを獲得し、検索ログという大量のデータを得ることで、個々のユーザーに対して最適な広告を出せるようになりました。例えば、盛んに賃貸情報を検索している人に対しては、物件広告を頻繁に表示するというようにです。

広告効果が上がれば、当然、広告主も増えますし、広告の単価も上がります。さらに、より多くの人が検索のためにグーグルのサイトを訪れることで、「グーグルに広告を出すこと」の価値が上がっていきます。

このように、ユーザーが増えれば増えるほど性能や価値が高まることを、「ネットワーク効果」と呼びます。

従来、「ネットワーク効果」とはユーザー間でのことを考えることが一般的でした。分かりやすいのは「電話」です。ユーザー数が少ない間は価値のないものですが、使う人が増えていくことで相乗的に価値が高まっていくといったようなことです。

これは私独自の定義ですが、「機械学習時代」「テクノロジー時代」には、データが集まれば集まるほどサービスの性能が向上し、さらにデータが集まりやすくなる「データのネットワーク効果」や、キャッシュフローが早く回れば回るほど、そのキャッシュフローをテクノロジーの研究開発に再投資できる「R&D[※11]のネットワーク効果」といった視点が重要になってきていると考えています。

この定義において、グーグルにはユーザー間のネットワーク効果のみならず、二重、三重のネットワーク効果が働いたと言えます。そのおかげで、自社の基幹サービスの向上に加えて、より効率的なマネタイズ[※12]の仕組みという理想的な強みを得たわけです。

「検索」から「自動運転」に展開できた理由

世界的な規模で検索エンジンを提供できるようになったグーグルは、恐ら

※11
「Research and Development」の略。企業の競争力を高めるために必要な技術調査や技術開発のこと

※12
収益化を図ること。特に、無料でサービスを提供する事業について言われることが多い

く「これからは、モバイルの時代になる」という発想から、携帯電話向けのソフトウェアプラットフォーム[※13]を開発していたアンドロイドを買収しました。

それまで、グーグル検索はパソコン限定のものでした。つまり、基本的には家にいるユーザーのログしか取れなかったのが、アンドロイドを得たことで、移動しながら検索するユーザーのログも取れるようになりました。

これが大きな足掛かりとなり、グーグルは、「マップアプリ」という分野でも、大きなポジションを取るようになりました。モバイルの時代になるということは、ユーザーは動き回りながらインターネットを使うようになるということです。ならばマップアプリのニーズも、すぐに大きくなると見ていたわけです。

そして次は「自動運転」です。行き先を告げると、機械が自動的に連れて行ってくれる。将来的には、もしかしたら行き先を告げなくても、機械学習によっておすすめの場所へ連れて行ってくれるという時代も来るかもしれません。

こういった社会を実現するためには、「検索」によって興味関心のデータが

※13
コンピュータにおいて、ソフトウェアが動作するための土台として機能する部分のこと

集まる。「モバイル・マップ」によって地理上のデータや人々の移動のデータが取れるようになる。そして「自動運転」によって、それらのデータを使い、「移動」そのものがサービスになっていくという順番が必要です。

ドラえもんの話に戻すと、いきなりこの最終形のサービスを作ろうとしても実現不可能だったはずです。「検索」→「モバイル・マップ」→「自動運転」と布石を打ったことで、この夢物語は実現しようとしている。グーグルが展開してきたビジネスの「順序」を見てみると、そのように考えられるのです。

もちろん、彼らのすべての事業が直接いまに繋がっているわけではないと思います。中には失敗したプロジェクトもたくさんあったはずです。

ただ少なくとも、彼らは決して行き当たりばったりではなく、戦略的にテクノロジーの応用性、可能性にかけてきた。先へ先へと目を向け、一つひとつの意思決定をしてきたのだと思います。

こうした順序をグーグルが踏むことができているのも、グーグルの経営陣が、テクノロジーに対する深い理解を持っているからです。グーグル以前にも自動運転のアイデアはあったはずです。しかし、実現化に至らなかったのは、グーグル以前の人たちが「妥当な順序」を踏まなかったからです。巨大な完成像があるだけで、そこに至るステップが見えていなかった。最初からドラえもんを作ろうとしてしまったわけです。

こうした例は、自動運転だけではありません。フェイスブックは「VR／AR」、アマゾンは「無人コンビニ」と、それぞれが「ソフトウェア」から「ソフトウェア＋ハードウェア」という順序を着実に、戦略的に歩んでいるのです。

機械が人から奪うもの、人に与えるもの

機械は人の仕事を奪うのか

テクノロジーの進化・普及によって、現時点では人の領分とされるところにも、どんどん機械が入ってくると予想されます。いままでのやり方だけでは通用しなくなっていくのです。

テクノロジーがスピーディに進化し、機械学習を活用したソフトウェアやハードウェアの能力もぐんぐん高くなっていることを受けて「人間の仕事が機械に奪われる」といった危惧《きぐ》を抱いている人もいるようです。「シンギュラリティ」[※14]という概念が、現実味を持って語られることも増えてきました。

※14 ここでは人工知能が人類の知能を超える転換点（技術的特異点）や、それがもたらす世界の変化のこと。米国の未来学者レイ・カーツワイルが著書の中でその概念を提唱し、2045年に到来すると予言したことで知られるようになった

確かに、テクノロジーの利便性とは、いままで人間がやっていたことを、機械によってより高い性能で行えることにあります。分かりやすい例で言えば、肉体労働です。かつて人間がしていた肉体労働は、いまやほとんどが機械でできるようになっています。穴を掘る、重いものを運ぶ。いずれも人間がするより機械を使ったほうが効率的です。

いくら力自慢の人でも、クレーン車ほどのパワーもなければ、休まず働けるわけでもありません。「私は力持ちです」というだけでは仕事にならなくなりました。そういう意味では、人間の仕事が機械に奪われたと言えます。

残念ながら、こうした流れは誰にも止められません。便利なものは、個人の意思とは関係なくどんどん普及していく。それは誰もが理解できることなのではないでしょうか。

機械に代替される仕事と代替されない仕事

そうとはいえ、私は悲観していません。それは、まず少なくとも自分が生きている間は、人の領域のすべてが機械に取って代わられることはないだろうからです。
もちろん、今後、機械学習や情報テクノロジーが発達することで、機械に代替されていく領域は増えていくと思いますが、そう簡単には代替できない領域もあります。

肉体労働のほとんどが機械に代替されたとしても、人間は肉体だけを使って仕事をしているわけではありません。現状、人間に残されている領分は、「知的労働」と「合意形成」を組み合わせた仕事だと考えています。

例えば、どんなビジネスの展望を描き、どのように展開していくか。そこに必要な要素をどのように判断するか。他者にどんなインセンティブを与え、巻き込んでいくか。これらはすべて機械に代替されづらい知的労働や合意形成であり、意思を持たない機械にできることではありません。

あるいは、小説やマンガ、映画、お笑いなど、いわゆる文化産業に属するものも、機械に取って代わられづらい知的労働だと思います。

こうした労働に必要な能力をどう磨いていくかが、これからの社会で生きる私たちには重要になっていくと思います。もちろん、どんな仕事にも基本知識や基礎技能は必要ですから、いままでのような知識や技術のインプットがすべて無駄になるとは言いません。ただ、誰にでもできるインプットだけで成り立ってきたような仕事は、遅かれ早かれ機械に取って代わられると考えるべきです。

私たちが持っておくべき心構えは、「いまのやり方は、5年後も通用するか」、そして危ういと思うのであれば、「ならばどうするか」です。

一企業や一個人にとって、テクノロジーはある意味で「怖いもの」と言えます。しかし、社会全体で考えれば、明らかに「良いもの」です。テクノロジーの進化を忌《い》み嫌わなくてはいけない理由は、どこにもありません。

テクノロジーのプレゼンス※15が確実に大きくなっている中で、自分はどうしていくのか。これは個人か企業かにかかわらず、常に意識すべきなのです。

※15 「存在」「存在感」

テクノロジーによって強くなる「個」の力

「テクノロジーを基軸に据える」という戦略眼さえあれば、テクノロジーの進化は私たちに大いに利益を与えるものです。テクノロジーが進化するほど、それを上手に使うことによって、私たちの「個」の力は強くなっていきます。

それはいまに始まったことではありません。例えば洗濯機や炊飯器によって家事の一部が自動化されたことで、家庭内の肉体労働の負担が減りました。そのおかげで、女性の社会進出は確実に進み、趣味を楽しむ時間なども増えたはずです。テクノロジーは、「日々しなくてはいけないこと」から人間を解放し、人間は、新たに生まれた精神的、物理的余裕の中で、新たな価値を見出したり、生み出したりしてきました。

インターネットがあって当たり前の時代に育った人は、ひと世代前の人たちより、はるかに情報へのアクセシビリティ[※16]が高く、情報や知識を効率的に獲得できるようになっています。

※16 「近づきやすさ」「利用のしやすさ」「便利であること」

もちろん、リアルな世界において、肌身で体験することで身に付く知識もあるとは思います。それでも、知識習得にかかる労力のかなりの部分を、インターネットが肩代わりしてくれています。

Gunosyでは大学生のインターンなども迎え入れていますが、みんな信じられないほどに優秀です。私たちが大学生だった頃に優秀だといわれていた人たちと比べてもはるかに能力が高い。

何が起こっているのかと考えると、やはり情報に接触するハードルがとても低くなっているのだと思います。昔は海外の大学の授業を参考にしようと思っても簡単には情報が手に入らなかったものが、いまではiTunes U[※17]（アイチューンズ・ユニバーシティ）を使えばモバイルで簡単に、いつでも見ることができます。インターネットで検索すれば、世界中の論文もたくさんヒットするようになりました。

いままで、海外の情報に触れるには言語障壁がありましたが、これも「自動翻訳」というテクノロジーによって、急速に解消されつつあります。最先端の情報は、たいていは英語か中国語でアウトプットされています。この二

※17
アップルが提供している教育・学習向けのサービス。世界中の著名大学や各種研究機関が提供する多くの講義の動画や資料が無料で公開されており、誰でも自由に利用できる

つの言語に関しては、すでに実用レベルでも問題ないほどの機械翻訳が実現されています。より自在に、より低い時間的・金銭的コストで、自分の望むソースから情報を集めることができるようになっていくはずです。

そんな中で、国籍にかかわらず、SNSなどを通じて優秀な人たちが繋がり、有益な情報を交換し合うといった状況も生まれてきています。インターネットによって人との繋がり、情報との繋がりが拡大したことで、以前とは比較にならないほど、個々の可能性が広がるチャンスが増えています。

そして、社会は「個」の集まりです。テクノロジーによって「個」の力が増し、「個」のチャンスが増えるほど、社会全体が底上げされることになります。より可能性が増した「個」の集まりへと変化することで、テクノロジーの恩恵は社会全体にもたらされるのです。

テクノロジーは人を「センス」から解放する

テクノロジーの本質は「再現性」

テクノロジーが世の中を変える大きな要素に「再現性」があります。

再び産業革命の例になりますが、かつての移動手段である「馬」には個体差があり、速く走れる馬もいれば遅い馬もいます。速い馬を安定して生み出す方法はなく、育てる人の腕次第です。また、生物である以上、その能力（性能）も限られています。どんなに鍛えたとしても、時速２００キロで走る馬は生まれないでしょう。

しかし、テクノロジーによって、馬より速く、馬より多くのものを乗せて走ることができる蒸気機関車、すなわち「高い性能」を持つものが生み出されました。

そして、正しい設計図があれば、誰でも同じものを作ることができる。つまり「再現性」を持つことができるようになりました。

人間から人間へと技術を伝承するには、量、質ともに限界があります。例えば、大工や料理人など、職人の世界で実現される再現性は、せいぜい数人〜数十人です。それに、師匠の技術を丸ごとコピーすることは不可能でしょう。

一方でテクノロジーの再現性には数的な制限がなく、かつ再現の精度もほぼ100パーセントです。現状、すべての職人の技術を再現できるとは言いませんが、少なくとも科学的に記述できる事柄であれば、誰でも同じクオリティを再現することが可能です。私は、ここにテクノロジーの本質があるのだと思います。

いままでになかった価値が生み出される

さらにテクノロジーの進化は、単に「高い性能」や「再現性」だけではなく、新しい恩恵を私たちにもたらしています。

輸送手段におけるテクノロジーは、蒸気機関車から電車や新幹線になりました。そうして「人を速く移動させる」という目標が達成されると、次は移動における「快適性・安全性」という観点が重要になってきます。

人やモノを速く、快適かつ安全に運ぶためには、走行中に起こる異常を素早く察知できなくてはいけません。いままでは、これも機械学習を用いて、電車のモーターや歯車装置などの振動のデータを測定することで、異常が起こったら自動的に検知できるようになっています。

以前は危険を見極める人間の能力や「走行音がおかしい」というような感覚に頼っていたものが、テクノロジーによって置き換えられようとしています。これは、テクノロジーが、「高い性能」と「再現性」という進化に加えて、いままでになかった「新しい価値」をもたらしたということです。

人間が行う仕事は、「経験知」や「勘」と呼ばれる部分、言い換えれば「センス」による部分が保証してきました。それがテクノロジーによって、より高い性能で再現されることにとどまらず、さらに新しい価値が生み出されるようになった。テクノロジーは、私たちを「センス」から解放してくれるのです。

プロに勝てるソフトを素人が作れる理由

これからは、人間の「センス」による部分はどんどんテクノロジーによって解放されていきます。とはいえ、そこに人間の役目がないわけではありません。これから求められるのは、新しい形の「センス」、テクノロジーを的確に使いこなすためのセンスです。

以前、将棋ソフトがプロ棋士に勝利したというニュースが話題になりました。将棋ソフトを作るのは、もちろん、人間のプログラマーです。しかし、そのプログラマーがプロ棋士と対決したとしたら、まったく歯が立たないはずです。

プロ棋士に勝てる将棋ソフトを作ったからといって、プログラマー自身がプロ棋士より強いわけではありません。将棋ソフトのプログラマーは、将棋というゲームに長《た》けているのではなく、将棋というタスクを、計算機を通じてモデリングすることに長けているのです。

また、こうした急激な性能向上の背景には、ソフトウェアにおける「オープンソース」という文化が大きく関わっています。オープンソースとは、自分が組んだプログラムを、無料で公開して、誰でも使えるようにしたソフトのことです。

なぜ無料で公開してしまうのかと不思議に思えるかもしれませんが、ソフトウェアの世界では、誰かが組んだソフトをほかのプログラマーが自由に改良していくということは当然に行われています。すると、そのソフトに興味を持った世界中のプログラマーが、自分の手でソフトに改良を加えて再公開していくといったことが起きていきます。

ここで先程の「再現性」という概念が非常に重要になってきます。基本的に、ソフトウェアの世界では一度達成された最高のクオリティを、誰もが「再現可能」になります。それをオープンソースで公開し、さまざまな開発者がコラボしていくことで、さらに改善されていきます。

こうしたことが実際、将棋のソフトでは起こりました。開発者たちの「センス」がオープンソースとして公開され、それにまたほかの誰かの「センス」が乗っていくという流れが起こったのです。

そして一度オープンにされた「センス」は、もはやその人の属人的感覚ではなく、ソフトウェア的に記述された「再現可能な」論理となっていくのです。機械学習の進歩や計算機科学の進歩に加え、こうしたソフトウェアの開発文化と再現性という要素が交わることにより、ものすごいスピードで技術が高まっていく。人間の「知」の一つの究極形とも言える「将棋」の世界においても、素人がわずかな期間でプロに勝つソフトを作ることができる時代が到来したのです。

このように、新しい時代では「センス」すら再現可能になる。こうした意味でも、テクノロジーによってセンスが解放されると言えるのだと思います。

そしてそれは、企業経営でも同様です。かつては優秀な「センス」を持った指導者がいる企業が、すなわち優秀な企業でした。しかしこれからは、テクノロジーを適切に用いることで、センスのある経営者は必要なくなります。そのことを、次章でお話ししていきます。

第 2 章

「センスのない会社」の経営戦略

未来を予測する「機械学習」というテクノロジー

個人にカスタマイズされたニュースアプリ

私たちが提供しているグノシーというサービスでは、「情報を世界中の人に最適に届ける」という理念のもと、さまざまなタスクが機械学習によって自動化されています。

まずは「ニュース配信」です。従来のニュース配信サービスは、どんなニュースを届けるかを人が決めていました。社会的に重要な情報、あるいは話題の芸能情報など、「ユーザーはこういうニュースを読みたがっているだろう」「これは配信しなければいけない情報だろう」と、人の「感覚」によって

郵便はがき

料金受取人払郵便

日本橋局
承認

8751

差出有効期間
平成32年1月
31日まで

切手をお貼りになる
必要はございません。

103-8790

953

中央区日本橋小伝馬町15-18
ユニゾ小伝馬町ビル9階
総合法令出版株式会社 行

本書のご購入、ご愛読ありがとうございました。
今後の出版企画の参考とさせていただきますので、ぜひご意見をお聞かせください。

フリガナ お名前	性別 男・女	年齢 歳
ご住所 〒 TEL （ ）		
ご職業 1.学生 2.会社員·公務員 3.会社·団体役員 4.教員 5.自営業 6.主婦 7.無職 8.その他（ ）		

メールアドレスを記載下さった方から、毎月5名様に書籍1冊プレゼント！

新刊やイベントの情報などをお知らせする場合に使用させていただきます。

※書籍プレゼントご希望の方は、下記にメールアドレスと希望ジャンルをご記入ください。書籍へのご応募は1度限り、発送にはお時間をいただく場合がございます。結果は発送をもってかえさせていただきます。

希望ジャンル：☐ 自己啓発 ☐ ビジネス ☐ スピリチュアル

E-MAILアドレス ※携帯電話のメールアドレスには対応しておりません。

お買い求めいただいた本のタイトル

■お買い求めいただいた書店名

（　　　　　　　　　　）市区町村（　　　　　　　　　　）書店

■この本を最初に何でお知りになりましたか

□ 書店で実物を見て　□ 雑誌で見て（雑誌名　　　　　　　　　　）
□ 新聞で見て（　　　　　　新聞）　□ 家族や友人にすすめられて
総合法令出版の（□ HP、□ Facebook、□ twitter）を見て
□ その他（　　　　　　　　　　）

■お買い求めいただいた動機は何ですか（複数回答も可）

□ この著者の作品が好きだから　□ 興味のあるテーマだったから
□ タイトルに惹かれて　□ 表紙に惹かれて　□ 帯の文章に惹かれて
□ その他（　　　　　　　　　　）

■この本について感想をお聞かせください

（表紙・本文デザイン、タイトル、価格、内容など）

（掲載される場合のペンネーム：　　　　　　　　　　）

■最近、お読みになった本で面白かったものは何ですか？

■最近気になっているテーマ・著者、ご意見があればお書きください

ご協力ありがとうございました。いただいたご感想を匿名で広告等に掲載させていただくことがございます。匿名での使用も希望されない場合はチェックをお願いします☐
いただいた情報を、上記の小社の目的以外に使用することはありません。

選ばれていたわけです。

グノシーでは、機械学習を活用して、より個人にカスタマイズされたニュースが配信されるようになっています。その方法は後ほど改めて触れますが、同じグノシーというアプリを使っていても、そこに流されるニュースはユーザーによって異なるということです。

次に「プッシュ通知[※18]」です。プッシュ通知がユーザーの関心に添っていれば、アプリが開かれる確率は高くなります。プッシュ通知は、アクティブユーザー[※19]の増減を左右する、非常に重要な要素です。

また、「広告配信」も自動化されているタスクの一つです。例えば広告主によって「健康食品」とカテゴライズされた広告であれば、健康意識が高い傾向にある世代や性別のユーザー、健康系の記事をたくさんクリックしているユーザーに配信されるようになっています。

広告主にとって、広告の成果とは、広告を見たユーザーが詳細情報をクリックする、資料を請求する、商品を購入することなどです。より多くのユーザーが、そうした広告主の求める方向に動き、広告の転換率[※20]が最大化するよ

※18
スマートフォンやタブレットに対して、外部から送信する通知。「グノシー」では定期的にユーザーの興味に添ったニュースを取り上げて通知している

※19
特定の期間内にサービスを利用したユーザーの数。ダウンロードしても実際には利用しないユーザーもいるため、重要な指標となる

※20
広告の配信に対して、ユーザーの商品の購入やサービスの申込資料などの行動がどれくらい発生するかの割合

うな広告の出し方を機械に学習させて、配信しています。

このように言うと、特別なことをしているように聞こえるかもしれませんが、機械学習が活用されている分野はほかにもたくさんあります。

身近な例では、アマゾンで商品を購入した後に「この商品を買った人は、こういう商品もチェックしています」と出るのも、フェイスブックで自分が「いいね！」している友だちのフィードが優先的に出るようになるのも、すべて機械学習がベースになっています。

あるいは、過去の人口や技術資本、災害や戦争の有無などから未来のGDP[※21]を予測するといった分析も、ある種の機械学習のタスクと言ってもいいかもしれません。

機械学習が発達する前は、未来は勘でしか予測できないものでした。未来のユーザーの関心も未来のGDPも計算不可能だったわけです。それが機械学習によって計算可能になり、「過去の傾向から未来を予測する」ということができるようになりました。

人間の勘より機械の計算のほうが正確です。機械学習によって、より高い

※21 「Gross Domestic Product（国内総生産）」の略

精度を持って未来の傾向を予測できるようになったと言えるのです。

機械学習とは何か

第1章で、機械学習とは「分ける」「線を引く」ものだと説明しました。過去のデータを学習した機械が、新たに与えられるデータを分類するということです。

それをどう行わせるかによって、機械学習は大きく「第一世代」、「第二世代」、「第三世代」に分かれます。

第一世代は、端的に言えば「ルールベース」のテクノロジーです。例えば「顔の周辺が茶色で、顔の中央が赤いのは、〝サル〟という生き物である」というような厳密なルールにより、画像データの「サル or ノット」を判定させるというものです。機械学習という表現を使いましたが、正確にはこの段階ではまだ機械学習とは言えません。

第一世代の弱点は、与えられたルールから少しでも外れてしまうと正確に判定できなくなってしまうという点です。頭が禿《は》げているサルの写真があれば、厳密には「顔の周辺が茶色で、顔の中央が赤い」というルールに合致しないため、機械からすると「サルではない」という出力になるわけです。

一方、第二世代は、ルールではなく、判断基準となる「特徴」を機械に覚えさせ、判定させるというものです。例えば「目の形」など、どこに注目するかを人間が決めていきます。その上でサルの写真をたくさん覚えさせると、「ちょっと禿げているけどサルである」「ちょっと毛深いけどサルである」というように、ある程度、例外的な判定もできるようになります。ただ、サルのどんな特徴にどのように注目するかは、人間が考え得る範囲内でしか、決めることができません。

これが第三世代になると、人間が特徴を決めるのではなく、機械に入力された膨大なデータから、機械が自分で特徴を学んで抽象化することで、より適切にアウトプットされるようになります。

人の脳の仕組みは、いまだに解明されていない部分が多いようですが、より人間の脳の学習機能に近づけようというのが、第三世代の機械学習です。

「ディープラーニング」「ディープニューラルネット」と呼ばれるものが、これに当たります。

同じく「サルorノット」の課題で言えば、膨大な数のサルの画像から機械が勝手に特徴を読み取っていきます。そこでは、「機械はこんなところに注目して特徴を抽出したのか」といった、人間が予想もできなかった判断基準が数多く作られます。

人間の脳に近づくテクノロジー

第二世代の機械学習では「より的確な特徴」を機械に与えていたのに対し、第三世代では、より的確な「データセット」[※22]と「目的変数」[※23]を与える必要があります。エラーを下げるためにチューニングする領域が違うということです。

その違いが分かりやすいのが囲碁ＡＩでしょう。

第二世代の機械学習を用いた囲碁ＡＩでは、「勝てる打ち方の特徴」を人間

※22 プログラムで処理されるデータのまとまりのこと

※23 統計学で、「説明変数」と合わせて使われることの多い言葉。「説明変数」は「何かの原因」であり、「目的変数」は「その原因を受けて発生した結果」を指す

が機械に入力し、膨大な棋譜《きふ》のデータを与えて、「勝ち」という正解が出せるようにトレーニングしていました。

一方、「AlphaGo」[※24]という囲碁ソフトでは、第三世代の機械学習が用いられました。膨大な棋譜のデータを機械に与え、「勝てる打ち方の特徴」を機械自身に抽象化させたのです。

すると「サル or ノット」の例と同様、人間が捉えていなかったような手を探し当てるといったことが起きてきます。その結果、プロ棋士にも勝つほどに強くなったわけです。

第三世代のテクノロジーは「機械的な学習」にとどまらず、人間の「知能」に、より近づいていると言ってもいいかもしれません。しかも、人間の場合は一つのことを学習するのに金銭的、時間的コストがかかりますが、機械学習は、一度やり方を覚えれば、広範囲に応用可能です。

グーグルは、ディープラーニング分野での研究開発を行っていたディープマインドテクノロジーを買収しました。AlphaGo はそこで開発されたものです。同社のCEO[※25]だったデミス・ハサビス氏は、グーグルでAIプロジェク

※24 ハンディキャップなしでプロ棋士に初めて勝利した人工知能囲碁プログラム。世界のトップ棋士を相手に次々と勝利していき、世界中に大きな衝撃を与えた

※25 「Chief Executive Officer（最高経営責任者）」の略。企業意思の決定権を持つ最高の役職名

トを指導する「エンジニアリング担当副社長」のポストに就《つ》きました。

人間にとっては別種と捉えるべき問題でも、機械的には同じロジックで取り決める問題はたくさんあります。一見、AlphaGoとグーグルの事業がどう結びつくのか疑問に思えますが、グーグルは、デミス氏が持つ世界トップレベルのエンジニアリング力を買ったわけです。

その人に合った情報を、その人に届ける

なぜ「読みたい記事」が配信されるのか

グノシーは、情報の「キュレーションサービス」[※26]であり、それぞれのニュースは、各メディアと契約をして配信してもらえるようにしなくてはいけません。

インターネット以前であれば、ニュースメディアは新聞や雑誌、テレビ、ラジオくらいでしたが、いまはウェブメディアが数え切れないほどあります。その中からどのメディアを選ぶのかも、データを元に判断します。

例えば、ウェブメディアには「MAU」[※27]という指標があります。月当たり

※26 インターネット上の情報を収集・分類し、繋ぎ合わせて新しい価値を持たせること

※27 「Monthly Active Users」の略。

のアクティブユーザー数を示すもので、登録者数が多くても、日常的にログインされていなければ、そのメディアの価値は低いことになります。

そのほか、記事の更新頻度や、フェイスブックでの「いいね！」数、グーグルの検索クエリ[※28]のトレンドなどからも、メディアの人気度や記事のクオリティが推《お》し量れます。

このように、表に出ているデータから、「いま、関心が高まっている分野はこれで、それを扱うメディアの中ではここが伸びている」ということが、ある程度、自動的に弾き出せます。

こうして集めてきた数々のメディアの記事を、ユーザーのさまざまな属性に従って選び、並び替えるというタスクが、機械によって自動化されています。集まってくる情報も、そのユーザー数も膨大です。秒間で何十万というユーザーがアクセスする中で、溢れるニュースをそれぞれのユーザーに的確に届けるという作業を人間が行うのは不可能です。

このように「ある事象やタスクに対して、大きな共通の法則が存在し、スケーラビリティ[※29]が必要」という分野こそ機械学習の出番です。ざっくり言え

※28 ユーザーが検索エンジンで調べるときに入力する言葉やフレーズのこと

※29 「拡張性」。システムの規模を状況に応じて柔軟に対応できる適応力を指す

ば、「好まれやすい記事」の特徴を学習させることで、機械は自動的に、膨大な情報を分類してくれます。

グノシーの目的は、その人に合った情報を、その人に届けることです。そのためにはどうすればいいか。数ある課題の一つに過ぎませんが、ここでは一例として「クリック率」について説明します。

従来の考え方では、「こういう人のニュースだとクリックされやすいだろうな」という、個人の経験知的な基準、ないしはそのニュースが実際にどれだけクリックされているかを見て、随時並び替えていくという手法が採られるだろうと思います。

一方、グノシーでは、まず、過去のデータから、統計的にどんな記事がクリックされやすいのかといった「傾向」を導き出します。恐らく未来も同じような傾向になるはずですから、その傾向を機械に覚えさせ、クリック率を予測、最大化するモデルを作ります。

そのための特徴量[※30]として第一に挙げられるのは、当然、実績としてのクリック率、実際にそのニュースのクリック率がどれほどであるかです。ここま

※30 学習データにどのような特徴があるかを数値化したもの

では、従来の考え方と基本的には同じです。

ただ、実績のクリック率は全体的な平均値でしかありません。私たちが目指すのは「情報のパーソナライズ」であり、そのユーザー個人に合ったニュースを届ける必要があります。また同時に、世間的に人気の高い記事や天災、社会的事件のニュースなど、「誰にとっても重要と思われる情報」もカバーする必要があります。

そうした価値を提供するためには、より多様に特徴量を見極めていく必要があります。細かく挙げていくとキリがありませんが、年齢、性別、そのユーザーが過去にどのようなニュースをどんな文脈で読んだかといった行動履歴などから、何に興味関心があるかを導き出し、個人にカスタマイズされたニュース配信がされるように機械に覚えさせていきます。

「読みたい記事」を届けるだけでは不十分

しかし、ユーザーが欲しい情報を最適に届けるためには、ユーザーの興味や関心に合ったニュースを選別するだけでは不十分です。

例えば、1時間前にログインしていたユーザーと丸1日ログインしていなかったユーザーとでは、届けるべきニュースは異なります。1時間前にたくさん記事を読んでいたユーザーに対しては、直近の1時間で出た新しいニュースを上位に並べるべきですし、1日ログインしていなかったユーザーに対しては、丸1日分の記事から、より興味関心に添った記事を上位に並べる必要があります。こうした並び替えも、機械が自動で行っています。

また、「スパム記事」[※31]の選別も自動化されています。スパム記事はユーザーが離れる要因となり得るため、ニュースアプリにとっては、「スパム記事をはじく」ということも大きな課題です。

「出所の不確かな海外の回線が使われている」「アダルトな文字列が入っている」「特有の書き手が書いている」など、スパム記事には、経験的にいくつかの特徴を見出すことができます。その特徴を入力し、スパム記事判定のためのアルゴリズムを作ります。そして各メディアから届く膨大な記事を、そのアルゴリズムに通して、「スパムかどうか」という選別を行わせます。

※31 有害サイトへの自動リンクやユーザーにとって不快な内容を含む記事

加えて、「同一記事判定」も機械が行います。

グノシーでは複数のメディアを扱っているので、当然同じ話題の記事が重なります。ユーザーの興味に合ったニュースだからといって、同じ内容の記事ばかりが配信されてしまえば、満足度は下がってしまいます。

そうならないようにするための基準はとてもシンプルで、似た文字列がどれぐらい含まれているかといったことなどから判断します。そして同一記事の中から、過去のデータ、例えばそのニュースの配信元であるメディアの実績などから、優れた記事を選別して上位に表示します。

このように、さまざまな角度から何層にもわたって練り上げられたアルゴリズムによって、ユーザーの元には、「読みたい記事」「欲しい情報」が、常に優先的に届けられるようになっているのです。

機械はどのように学習するのか

以上、簡単に記事配信の自動化についてご説明しましたが、もう少しだけ、機械が学習していく過程を説明しておきます。

ある目的を最大化するというのは、ビジネスの基本です。私たちで言えば、「ユーザー満足度」の高いアプリを作ることが、会社存続の懸かった至上命令です。

人間なら、感覚的に面白そうな記事を選んだり、読みやすいビジュアルに変えたりしようという判断ができますが、このタスクを機械で自動化するためには、機械が覚えられるような具体的かつ明確な判断基準が必要です。「満足度が高い」ということはどのような場合のことか。その条件はたくさん考えられます。ごく単純に「ユーザーの継続率が高いこと」だとすると、過去のデータから、統計的に「継続率が高い」ときにはどんな特徴があるのかを導き出して機械に学習させ、継続率を最大化するモデルを作ります。

その過程を簡単に説明すると、まず過去の事例のデータを「トレーニングデータ」と「テストデータ」に分けます。あるデータをランダムに分割し、一部を機械に覚えさせるデータ（＝トレーニングデータ）、残りの部分を機械の答え合わせに使うデータ（＝テストデータ）とします。

トレーニングデータから「特徴量」を抽出し、機械に学習させていきます。「特徴量」とは着目すべき特徴を数値化したもので、継続率の例で言えば、記事の「クリック率」や「滞在時間」、あるいは「スクロール率」[※32]などが考えられます。

「継続率を高めるモデル」を作るとしたら、「継続率が高くなる場合には、統計的にこういう特徴がある」と入力し、トレーニングデータがどのように変化していくかを予測させます。その結果がテストデータと一致すれば、機械は正しく学習していると考えることができます。

この訓練を何度か交差的に繰り返して機械を強化的に学習させた後、未知のデータを与えて、正しく分類できるかテストします。結果、不正解が多かったら、「どの特徴量がずれていたのか」「何の特徴量が足りていなかったか」を考え、特徴量をチューニングし、さらに機械に学習させます。

そうして徐々に機械の正答率を上げていくというのが一般的な方法です。人間に勉強を教えるときも、まず解き方を教えてから何度も練習問題を解かせますが、機械も同じように学んでいくのです。

※32 ある記事をどこまで読んだかの割合

機械の気持ちになって考える

機械にとって「大地震」は重要ではない

ここまでお話ししたように、テクノロジーは、適切に使えば大いに私たちを助けてくれるものです。

しかし、私たちは機械学習が万能だと思っているわけではありません。むしろ、機械学習の何たるかを知っているからこそ、機械にさせるべきことと、人間がすべきことを的確に区別できるのだと思います。

何をどこまで機械にさせ、何をどこまで人間が行うのか。得手不得手まで含めて機械の性質を理解した上で、人間がきっちり行うべきことは行う、その線引きをはっきりとできることが、私たちの強みです。

私たちはこのようなことができる人たちを「計算機最適化された人間」と称しています。今後あらゆる領域に機械学習を中心とした計算機のイノベーションが侵食していく世の中では非常に重要な考え方であり、人間の新たな生存戦略だと考えています。

繰り返しになりますが、機械は、「ある事象やタスクに対して、大きな共通の法則が存在し、スケーラビリティが必要」という分野には非常に長けています。

例えば、「メタボ予防」に関する情報に「40代以上の男性がより多く反応した」というデータが積み重なっていれば、次に同様の記事が出たときには、迷いなく、40代以上の男性ユーザーに対して上位に並べて配信します。

一方で、機械は、いわゆる「不測の事態」や「極端に例外的な事象」が大の苦手です。

もしも「大きな地震が起きた」という情報が発信されたとしたら、ユーザーの属性に関わらず、全ユーザーに届けなくてはいけません。しかし、この判断が機械にはできません。大きな地震は、数十年に一度しか起こらないために「過去に多くクリックされた」というデータ自体が少なく、機械の判断としては、「クリック率が低い＝重要度が低い情報」となってしまうわけです。

こうした変則的な判断においては、やはり、まだ機械より人間の感覚のほうが勝ります。そのため、「速報」をどのように配信するのかは、人間が決めています。

人間と機械では「考える仕組み」が違う

将棋ソフトは人間が機械に対して膨大な数の棋譜データを与え、学習させます。そして対局では、相手がこう打ったらこう打つという膨大な読みから優勢な局面を探索し、勝つ道を探ります。

ただし最新の手法では、最初からコンピュータ同士を戦わせた棋譜だけで学習するケースも増えてきているようです。いよいよ機械の学習が人間の手を離れた瞬間なのかもしれませんが、本書ではそこは割愛します。

一方、人間はそこまでたくさんの手を読むことができないため、ある程度までの部分で絞り込んで考える必要があります。頭の中にある知識や経験を見渡し、限られた時間の中で最適解を導き出す。その絞り込み方に人間の脳のすごさがあるとも言えます。

言ってみれば、機械はガリ勉で身に付けた法則に従うのに対し、人間は知識と感覚を頼りにします。「勝とうとする」という点は同じでも、その過程はまったく違うわけです。

人間の脳の機能は、まだ厳密に解明されていません。手のひらサイズで、四角くて、薄くて、りんごマークの付いた物体を、私たちは「これは iPhone である」と瞬時に認識できます。しかし、実際に脳で何が起こってそのように認識されているのかは、はっきりとは分かっていません。

その点、機械の仕組みは明瞭です。「iPhone とはこういうものである」という特徴と共に、大量の iPhone の画像データを学習させれば、機械は画像知識を抽象化していき、「これは iPhone である」「これは iPhone ではない」と認識、分類できるようになります。

このように、人間と機械とでは、「考える仕組み」が違います。そうである以上、機械を使うなら、機械の気持ちになって、機械が好みそうなデータを与えてあげなくてはいけません。

データさえ大量にあれば、機械が何とかしてくれるわけではありません。どんなデータをどのように与えるかで、機械の活用度合いは大きく異なってきます。「機械的な脳の使い方」ができなければ、人間は機械を活用できないのです。

機械は「ピュア」で「バカ正直」

もう一つ、機械を活用する上で心得ておきたいのは、「機械はピュアでバカ正直」、だからこそ「適切な目的」が必要ということです。

人間とは違い、機械には感情や意思がありません。一度指示されたら、極めて忠実に従います。そのため、人間が最初の目的設定を間違えると、機械はとんでもない間違えを犯してしまいます。

そこで機械を責めても仕方ありません。機械は指示に従っただけであり、間違っているのは、指示を与えた人間のほうです。

例えば、単に「記事のクリック率を上げる」という目的を機械に与えたら、機械はひたすら「クリック率が高そうな記事」を上位に並べます。しかしそれでは、スパム記事や釣り記事、あるいはフェイクニュースのような、興味は惹《ひ》かれるけれど、実際にはクオリティが低い記事が数多く混ざってしまいます。

これらの記事でクリック率が高くなったとしても、ユーザーの満足度は下がってしまいますから、当然配信を避けるべきです。人間からすればこうした判断が当たり前であっても、機械としては人間から与えられた「クリック率を上げる」という目的を、自動的に最大化したに過ぎません。「この記事はクリック率が高そうだけど、スパムっぽいので外します」といった忖度《そんたく》を、機械に求めることはできないのです。

そこで明確な目標設定をすることができれば、機械は極めて優秀に働きます。先ほども少し触れましたが、スパム記事特有の特徴を教えれば、同様のスパム記事が配信されることはなくなります。

釣り記事によってクリック率が上がっていても、その滞在時間やスクロール率を見ると、しっかりと読まれていないことが分かります。まだ完全には適用できてはいませんが、「低品質な記事」をはじくように教えれば機械は忠実に従います。

近年、グーグルやフェイスブックで起こっている「フェイクニュース問題」※33はこういった機械のバカ正直さと、技術的応用の未成熟さに原因があるとも言えます。人間からすると、一見なぜそんな簡単な問題を間違うのかと思うかもしれませんが、実はこの類《たぐ》いの問題は機械にとって解くのが非常に難しい問題です。人間と機械の得意分野の違いは、こうしたところで現れます。

ほかにも、先に触れた「AlphaGo」の開発過程に、目標設定の重要さを教えてくれるエピソードがあります。

囲碁は「相手との目数の差」が多いほど有利ですから、開発当初は「目数差を大きくする」という目的が設定されていたそうです。ところが、それでは思うように勝率が上がりませんでした。そこで目的を「勝つこと」に設定し直したところ、劇的に勝率が上がったそうです。

※33 政治的な内容など、虚偽の情報が拡散されている問題。それを信じた人物が事件を起こすなど、大きな社会問題となっている。対策のためには多くの個人や企業・団体の関与が必要とされる

つまり、十目差で勝つことと一目差で勝つことを、同価値としたわけです。目数差を増やすためにリスクを冒せば、どこかの瞬間で形勢をひっくり返される危険もあります。そのリスクを回避することで、結果的に勝率が上がったのではないかと推測されます。

このように、機械は与えられた目的に見合う正解を自動的に、最大化して出すことができますが、目的の設定はまだ人間にしかできません。機械の領分がどんどん増している時代だからこそ、機械の気持ちになって、適切なデータと適切な目的を与えてあげることが人間の重要な仕事なのです。

機械が出した答えを人間が評価する

例えば、「アルゴリズムA」と「アルゴリズムB」のどちらが優れているかという実験を、実在のユーザーの何割かを対象に行ったとします。ニュース配信のタスクを行うのはAB二つのアルゴリズムですが、実験結果を統計的に評価し、どちらを採用するかは人間が判断しなければいけません。

優劣の指標を「ユーザーの滞在時間」とした場合、機械が出した正解を、「どちらのアルゴリズムが、統計的優位にユーザーの滞在時間を伸ばしたか」という指標をもって、人間が評価するわけです。

何を実験の目的とするかによって指標はさまざまですが、決して主観的、感覚的な評価は行いません。社内で「これがいいだろう！」と勢い込んで実験したアルゴリズムでも、フタを開けてみたら、ユーザーの動向に何のインパクトも与えなかった、ということも多々あります。そこで自分たちの考えに固執《こしつ》して判断を誤らないように、そして次の実験でその食い違いを少しでも解消できるようにしなければいけません。どんなときにも、機械が出した答えを、人間が統計的に評価する必要があるのです。

多様なエラーが精度を上げる

「スポーツに関心がある人」はどれくらいか

機械は「量をこなす」ことを苦にしません。逆に、多様なデータが積み重なっていくことで、それだけ学習の精度が上がっていきます。

例えば、一般的にスポーツは冬より夏のほうが盛んです。熱心なファンでもない限り、冬の間は、スポーツのニュースを読むことは少なくなるでしょう。

そのため、冬の間に学習したアルゴリズムは、「スポーツに関心がある人間は世の中に少ない」と覚えます。逆に、オリンピックが開催されている間に学習したアルゴリズムは「世の中はスポーツに関心がある人だらけ」と学習します。もちろん、どちらも現実とは違います。

これを適切な答えを出させるようにするためには、より長い期間のデータを学習させる必要があります。季節ごと、数年、数十年といった期間のデータを与えることで、機械は「スポーツには季節性がある」「ずっとスポーツに関心を寄せている人と、特定のイベントがあるときだけ関心が高まる人がいる」といったことを覚えます。

元々のモデルがまったく同じであっても、どのようなデータを、どのような期間与えるかで、学習結果は大きく異なります。適切な質のデータを大量に与えることで、より現実世界に近い判断結果が得られるようになる。グノシーのニュース配信で言えば、多様性を含むユーザーのニーズを、より正確に反映するようになっていきます。

「チューニング」と「リトライ」で人も成長

機械が「目的と食い違う答え」を出すことがない以上、機械の出す答えが人間の想定と違うとしたら、最初の目的設定が間違っているということです。

そうであれば、チューニングとリトライを重ねていくことが大事です。スポーツのニュースに関して「季節性」という指標が足りていなかったと気づいたら、季節性に関する特徴量を新たに追加し、再度機械に学習させます。

ここで大事なのは、「多様なエラー」を教えていくことです。似たようなエラーを複数経験させても、機械は一つの不正解パターンしか学べません。機械が未知のデータについて「不正解」を出したら、「これはエラーだ」と学習させる。そこでまた不正解を出したら、また新たなエラーを反映させたモデルに修正し、学習し直す。チューニングとリトライを繰り返すほど、アルゴリズムの精度は上がっていきます。

さらにその過程で、人間も「こういう特徴量を与える、ないしは与えないと、機械はこういうミスをするんだ」と学べます。チューニングとリトライを繰り返すことで、エンジニアもまた、能力を高めていくことができます。

多様なエラー情報も含め、人間が機械に学習させる。機械が出した答えを人間が統計的に評価し、より適切な特徴量を見出す。その過程を通じて、機械だけでなく組織全体の能力も高まっていくのです。

これから求められる経営とは

競争環境そのものが変わっている

Gunosyは、私を含め、エンジニアたちが興《おこ》した会社であり、「データをもとに統計的に考える」という企業文化が根付いています。採用においても、第一にそういう人材であるかを重視しますし、組織体制も、そういう見方、考え方が優れている人ほど上の立場に就くことができるようになっています。

従来の日本的企業では、経営者の意見が判断の基準になるでしょう。質の良いデータを大量に集めることのできない環境では、自分たちのチャレンジの成功率や、環境の変化を見極める力、すなわち「勘」が鋭い人が上にいるほうがいい。だからこそトップの意思が末端まで通りやすいように、組織が最適化されているわけです。

これは、組織的、能力的に、どちらが優れているかという話ではありません。むしろ、個人の主観を元に競争環境を生き残ってきた会社は、それだけ優れているのだと思います。いまほど細かくログが取れなかった時代は、限られた量と質のデータだけで経営判断をしなければいけなかった。その過程もいまよりずっと複雑だったはずです。私たちがそれをしようと思ってもできません。

ただ、従来のやり方で優秀であるがゆえに、競争環境の変化に応じて変わることができないという難点があるのだと思います。生意気な言い方をするようですが、ある特定の環境下で最適化されたビジネスモデルは、テクノロジーによって変えられた環境ではすぐに陳腐《ちんぷ》化されてしまうのです。

いまと昔とでは、競争環境そのものが変わっている。まずはそのことを認識しなければいけません。私たちとしても、その中で既存の組織体制を変えるよりも、ゼロから会社を興すことのほうが、障壁が少なかったと言えるのかもしれません。

人間と機械の役割を掛け合わせる

これからの時代における経営の課題は、何を機械に任せ、何を人間が行うかを的確に線引きすることだと思います。

ツールとしての機械は、従来よりずっと手に入れやすくなっています。「オープンソース」や「クラウドサービス」[※34]によって他社が開発したソフトウェアを使うこともできますし、自分たちで改良することも容易になりました。

そこで必要とされるのは、そうしたツールを正しく使ってプロダクト[※35]を作るための技術力や判断力に加え、ユーザーの課題を適切に見つけ、その解決のために技術力を投入する意思決定力です。テクノロジーに明るいというだけでは、テクノロジーを駆使したビジネスを成功させることはできません。

ユーザーの新たな需要はどこにあるのか。利益の最大化のために、不確実性の高い世の中でいかにリスクを取っていくのか。現代における経営とは、そういう問題に答え続けることだと思います。

※34
サーバーに蓄積された膨大な情報を解析して、システムやソフトを提供するサービス。消費者はネットワークを通じて、大量かつ安価にソフトやデータを活用できる

※35
企業などが販売する製品のこと。広義では、ソフトウェアやデータなど物理的実体のないものも含まれる

これは、人間にしかできない判断です。

機械は、過去のデータを学んだ上で、未知の状況に対応することは得意です。特定の目的と十分なトレーニングデータを与えられれば、いくらでも自動的に判断できる「超高性能な判断マシン」です。

しかし、過去に学ぶべきデータがない分野では、機械はほとんど力を発揮できません。ビジネスの長期的展望を描き、意思決定を行っていくことは、まだ機械にはできないのです。

遠い未来、経営も機械が行うものになっていくかもしれません。しかし、それはまだまだ先のことです。現代をその過渡期《かとき》と考えても、人間と機械の役割をミックスした経営をしていかなければいけません。

人間が意思決定を行い、そこで設定した目的を、機械を使って最大化することができたら、それに伴って利益も最大化できる。機械と人間の役割を絶妙に掛け合わせることができたときに、最も経営がうまくいくはずです。

意志を持って経営判断を下す

先に、「ユーザーの継続率」を目的とした場合、「クリック率」や「滞在時間」、あるいは「スクロール率」などにまでブレークダウンし、機械に学習させると説明しました。とにかくデータを大量に集めて「データはたくさんある。ここから学んで何か良い感じに最適化して」と頼んでも、機械は人間が望むような正解を出せません。

経営もこれと同様です。仮に「企業価値の最大化」を目的としたなら、企業価値にインパクトを与える指標は何か、自分たちの会社は何が強みなのか、あるいは事業をコンポーネント的に考えたら、どの部分を自動化できるのかといったブレークダウンを行わなくては、機械の力を借りることはできません。このポイントをしっかりと理解しておく必要があります。

近年、データや人工知能技術を標榜する会社が増えていますが、経営陣がこのポイントに対してどう考えているか、何の目的を最大化するために機械を利用したいと考えているかをきちんと捉えてみると、その会社の将来性も見えてくるかもしれません。また自社でそういった変化を推進していきたい場合は、このポイントを意識して上司とコミュニケーションを取っていくことも大事でしょう。

少し横道にそれましたが、つまりは、「意志を持って経営判断を下す」ということは、人間にしかできないのです。テクノロジーの進化を含め、これから世の中はどうなっていくのか。その中で、自分たちはどういう役割を担っていきたいのか。自分たちの発想や技術で、世の中をどう変えていきたいのか。理念や目標として表れる強い「意志」こそが、最後に残る人間の役割、価値だと思います。

「カリスマ」のいない会社

これまでの企業経営において、意思決定は経営者やリーダーの経験、直感に基づいていました。その的中率や成功率が高い企業は成長し、逆に低ければ伸び悩んでしまう。そうした能力に優れた人が、「カリスマ経営者」と呼ばれていたわけです。

もちろん、今後もこういった能力は依然として必要とされるでしょう。しかし、相対的に「カリスマ」の依存度を下げることはできます。テクノロジーの力を適切に使うことができれば、カリスマは必要なくなるかもしれません。

Gunosyには、カリスマ編集者も、カリスマ営業マンも、カリスマクリエイターもいません。CEOであった私も、カリスマとは程遠い。それでも、設立以降、業績やユーザーの数は安定して成長し、いまのところは大きな不安なく事業を続けることができています。

それはひとえに、テクノロジーの力を借りることによって、従来カリスマと呼ばれる人が行ってきた意思決定を、私たちでもできてきたからだと思います。第1章で、テクノロジーは私たちをセンスから解放してくれると述べましたが、経営という、人類の叡智《えいち》を結集しても解ききれないほどの難解な課題においてすらも、テクノロジーは私たちをセンスから解放してくれるのです。

第3章

「やりたいこと」で社会に接地する

社会的な課題と噛み合うテクノロジー

開発の動機は「欲しいから」

グノシーをリリースしたのは、私が大学院生だった2011年です。サービスを開発したのは、「自分が欲しいから」。単純な動機でした。当時は、すでにインターネットで情報を集めることが当たり前になっていましたが、自分が欲しい情報は、自分で積極的に探しに行かなければ見つけることができませんでした。

私がどんなに興味を持っていても、ヤフートピックスのトップに機械学習やブロックチェーンのコアな記事が出てくることはありません。それに、溢れる情報の中には、やはり「ハズレ」もたくさんあります。何か知りたいと思うたび、自分から情報の海に飛び込んでいかなくてはいけない。「玉石混淆《ぎょくせきこんこう》」と言いますが、一個の玉を見つけるために、いくつの石を拾わなければいけないのか見当もつきません。これは大変な非効率だと思えました。

誰がどんな分野に関心を寄せているか、どんな情報を求めているかは、その人の行動ログを見れば明らかです。であれば、それを元にユーザーが欲しい情報を配信してくれるサービスも作れるはずです。

その人の興味関心の特徴を機械に学習させて、「欲しい情報」が自動的に飛び込んでくるようにすればいいのではないか。サービスを開始してからも「そんなことは無理だ」と言われてきた概念ですが、ちょうど大学院で機械学習を勉強していたこともあり、私にとってそのアイデアは最初から現実味のあるものでした。大学院の友人2人に話してみたところ、彼らも乗り気になってくれて、さっそく開発に取り掛かりました。

この程度のきっかけで開発できたのは、アイデアと知識があれば、お金のない学生でも比較的簡単に開発し、リリースできる環境が整っていたからです。かつてはサーバーを立てるために、初期投資に1000万円かかるということも珍しくありませんでしたが、私たちが開発に取り掛かった当時、すでにオープンソースやクラウドサービスなどが充実しており、ほぼ初期投資をかけずに開発に取り掛かることができました。

こうした環境にも助けられて、およそ2カ月で最初のサービスをリリースすることができました。サービスの名前は「グノシー」としました。ギリシャ語で「知識」を意味する「gnosis」の中に「あなた＝you」を表すつもりで「u」を入れ、「knowledge for you ＝あなたのための知識（情報）」という意味を持たせています。

「リリース」と言うと立派に聞こえますが、現役の学生が大々的な宣伝はできません。最初はフェイスブックで、「サービスに登録してくれたら、あなたに最適な情報を届けます」と、友人向けに告知する程度のものでした。

それが次々とシェアされ、登録者数はあっという間に1000人を超えました。テスト版として出したつもりが、予想以上の反響でした。本来、サーバーの負荷を考えて、いろいろと負荷対策をしておくものですが、当時はそんな知識もなく、サイトが落ちてしまったほどです。

「10年後に後悔したくない」

この業界では趣味の延長線上でサービスをリリースするのはよくあることです。私たちも、この段階では事業化することまでは考えていませんでした。このサービスでみんなの生活を便利にしたいという思いもありましたが、自分たちの勉強してきたことをどのように実用化できるのか、試してみたかったという点も大きかったと思います。

それに、金銭的なリターンよりも、自分たちが作ったプロダクトのユーザーが増えていく、その手応えを感じられることに魅力を感じていました。事業化した後、業績が拡大していくことにもやりがいを感じますが、やはり、電車の中で実際にグノシーを利用しているユーザーの方を目にするといったようなことを、とても嬉しく感じます。サービス開始から変わらず、自分を動かす原動力になっています。

また、当初は「ニュースアプリがビジネスになるはずがない」という考えもありました。ある程度ユーザーが増えても、ビジネスとして成立するほどには伸びないだろうと感じていたのです。

しかし、グノシーをウェブサービスからモバイル用のアプリに作り変えてリリースすると、間もなくして、App Storeで6位にまで跳ね上がりました。自分が思っていた以上に、このサービスにはニーズがあると確信し始めた頃、大学院2年生になっていた私たちは進路選択を迫られていました。

就職してグノシーを趣味的に続けるか、それともグノシーを事業化するか。ギリギリまで迷った結果、私たちは「この3人でグノシーを事業化しよう」と決心しました。

決め手となったのは、「いまやらなかったら、きっと後悔する」という思いです。将来、ニュースが機械学習によって最適に配信されるようになるということには確信がありました。絶対にそうなるはずだと思っていた。仮に自分たちがしなくても、誰かがやるだろうと。

いま、少なくとも自分たちはグノシーを作ることができて、入口としてはとても良いポジションにいる。もしこのチャンスを見送って、10年後、誰かが実現してしまったらとても後悔する。それだけは嫌だ。

さんざん悩んだつもりですが、この思いを3人で共有できたとき、結論はすんなりと出てきたように思います。

伸びるプロダクトが生まれる条件

一方で、グノシーのユーザーは着々と増えていました。サーバー代なども次第にかさむようになっており、どのみちこのままでは長続きしないことは目に見えていました。

そうはいっても、趣味レベルで続けるのと事業化するのとでは、何もかも勝手が違います。資金調達はどうするのか、マーケティングはどうするのか、どうやって無料サービスをマネタイズするのか。会社にするなら、経理や法務や人事の体制も整えなくてはいけません。

事業化する以上は、人を雇い、会社を大きくしていきたい。でも自分たちだけでは具体的なイメージができませんでした。エンジニアとしてはそれなりに自信があっても、経営に関しては何も知らないも同然です。事業化を決めたはいいものの、とにかくどうすればいいのかがまったく見えていませんでした。

そうした不安を持ち合わせながらでもスタートを切ることができたのは、木村新司※36という力強い協力者がいたからです。

木村との出会いは事業化の1年ほど前です。サービスをリリースした直後、木村はたまたま見つけたグノシーに興味を持ったそうです。そうしてフェイスブックを通じてコンタクトしてくれたのがきっかけでした。その後、ことあるごとに相談に乗ってもらっていた関係でした。

彼からの資金提供ももちろん大きな助けになりましたが、経営を知り尽くし、なおかつ自分たちのプロダクトの価値を理解してくれる人が協力を申し出てくれたことは、大きな前進でした。

私たちが不安を感じていた資金調達やマーケティング、営業組織の編成といったことを木村に担当してもらい、私はエンジニアを集めたり、プロダクト

※36
株式会社ドリームインキュベータ入社後、株式会社アトランティス（現Glossom株式会社）を創業。同社をグリー株式会社に売却後、投資家としてGunosy創業に関与する。多数のスタートアップ企業の設立を助ける「エンジェル投資家」として知られる

トの開発に取り組んだりという役割分担でスタートしました。以来、経営者としてのものの見方や考え方において、私は木村の影響を強く受けています。事業化してしばらくしてからは、共同CEO[※37]という形で協力してもらいました。

実は、当時資金提供を申し出てくれる方は、ほかにもいました。その中でいちばん最初に声を掛けてくれて、なおかつ私たちが不安に思っていたことや知らないことに対して、最も明確なビジョンを示してくれたのが木村でした。

木村が手を挙げてくれたのは、プロダクトとしてのグノシーに加え、そこに社会的課題とのマッチングがあったからだと思います。私たちが感じていた「いかに情報を最適に届けるか」という課題に共感してもらうことができた。ユーザーの求めているものと社会的な課題、そこにテクノロジーのトレンドが噛み合ったときに、伸びるプロダクトは生まれるのだと思います。

※37
木村氏は2014年に任期満了で退任。2017年より取締役として復帰している

「情報を世界中の人に最適に届ける」

サービス開発のきっかけは単純なものでしたが、ユーザーが増え、事業化も考えていく中で、「いかに情報を最適に届けるか」という課題は、もっと大きくなっていくのだと感じるようになりました。

情報を集めることにもスキルが必要です。自分が欲しい情報に、どういうキーワードで検索すればたどり着けるか、ＳＮＳでどんな人がその情報を発信しているかを知らなければいけません。

人は、何かを知りたくて情報を探します。つまり、その分野について詳しくないから、あるいはより詳しくなりたいから探す。しかし、それができないから問題なのです。〝鶏と卵〟ではありませんが、そもそも、自分の求める情報にたどり着くことができるということは、すでにその分野について詳しくなっているのだとも言えるわけです。

それに、仮に自分が欲しい情報の持ち主にたどり着くことができてフォローしたとしても、その人が、ずっと変わらず自分の興味関心に添った発信を続ける保証はありません。ＳＮＳやブログで、「昔はすごくいい話が書いてあったのに最近は全然更新されない」といったことや、「この人、考え方が変わってきてしまったな」ということはよくあると思います。結局のところ、常に自分でソースを探さなくてはいけないことに変わりはありません。

一方で情報を発信するメディアの側を考えれば、編集者の数にも、人間がさばけるデータ量にも限界があります。旧来のメディアは、個々人の興味関心に応えるのではなく、どうしても万人受けするものにならざるを得なかったのだと思います。

能動的に自分の欲しい情報を集めることができる人は限られていて、ほとんどの人が最大公約数的なメディアを見ている。せっかくインターネットで多様な発信がされるようになっているのに、その二つのレイヤー[※38]しかないということはとても大きな社会の損失だと思いました。

第1章でテクノロジーによって個人の力が増していくと述べましたが、二つのレイヤーの間に自分の興味に合った情報が受動的に集まるツールがあれ

※38
階層状の構造や設計などを構成する、一つひとつの階層のこと

ば、個人の可能性はすごく広がると思いました。いままで自分が欲しいと思っていても手に入らなかった情報が、時間的にも金銭的にも、最小のコストで手に入る。あるいは潜在的に欲しいと感じていた情報にも触れられるようになる。より効率的に自分の力を高めていくことができます。

何か大それたことのように聞こえるかもしれませんが、身近なことでも言えると思います。例えば、ある人にとって「最適な情報」はグルメ情報かもしれません。その人が「おいしいラーメン店」の情報を以前より得やすくなったとしたら、それは個人の力が増したということです。

自分の興味分野の多様な情報が入ってくることで、より良い情報に触れ、人生が豊かになる。そのためのサービスを提供できたら、社会全体にとって大きな価値になるはずです。私たちの理念は、「情報を世界中の人に最適に届ける」という形に固まっていきました。

理念を実現できるようになった転換点

「ニッチ」か「マス」か

Gunosyが会社としてスタートしてからしばらくしたとき、私たちは大きな決断を迫られました。

私たちの理念には潜在的に、あるジレンマがありました。機械学習の精度を高めるには、大量のユーザーのデータが必要です。それに、事業化したからには、やはり会社を大きくして、自分たちの理想を追求したいという思いもありました。

しかし、情報をパーソナライズするということを言い換えれば、より「ニ※39

ッチ」なサービスだということです。当然、その価値を感じてくれるユーザーも限られます。

情報はもっと受動的に、もっと簡単に取れるべきだという主張は、自分たちの発想に寄り過ぎているのではないか、私たちは「アーリーアダプター」※40であり、多くのユーザーにとっては少し距離感があるのではないかと感じるようになりました。そうなると、「情報を世界中の人に最適に届ける」という理念自体が、「ユーザーは少なくても最適に届いていればいい」といった自己満足レベルにとどまっているのではないかという葛藤も生まれてきます。

それに、現実問題として、成長の鈍化も見られました。ではCMを作ってユーザーを増やそうなどと考えても、獲得単価が高くなるのは目に見えていました。

グノシーのサービスを説明しようとしても、難しいわけです。「なんで自分の欲しい情報が届くの?」と聞かれても、機械学習の説明をするわけにもいかない。短時間で明確に伝わるメッセージを持つことができなければ、インパクトのあるCMは作れません。

※39
「隙間」。小さな市場や、潜在的にはニーズがあるがビジネスの対象として考えられていないような分野を指す

※40
革新的商品や新しいサービスなどを比較的早い段階で受容する人々。「イノベーター理論」によって定義される、イノベーター、アーリーアダプター、アーリーマジョリティ、レイトマジョリティ、ラガードの5段階の中で、2番目に早く物事を受容する層とされる

これも、私たちが自分たちのサービスを狭い意味で定義してしまっていることの表れなのではないかと思いました。私たちが欲しいと感じているものが、ユーザーの欲しいものとずれているのではないかと。

事業を進めていく中で、こうした課題がだんだんと無視できないものになっていきました。あくまで「情報のパーソナライズ」というニッチ性にこだわるか。それとも、多くの人に使ってもらえるマス的[※41]な土壌を作った上で、自分たちなりにメディアのあり方を追求するのか。

私たちは後者を選びました。従来、そのユーザーの興味があるニュースを朝・昼の2回配信していましたが、そこに一般的な人気ニュースを集めた「トピック」というカテゴリーや、よりマス的なユーザーが興味を持つ傾向にある「おもしろ」「グルメ」「おでかけ」などのカテゴリーを加えました。ユーザーの興味だけでなく、一般的なニュースも配信するようにしたのです。

当初の理念に共感して集まってくれた社員が多かったため、社内でも反対の声が上がりましたが、私はこの判断が理念と矛盾するものだとは考えませんでした。

※41 「集団」「大量」。一般大衆を対象にした、より多くの需要が見込める分野

ユーザーに届けるべきニュースは、そのユーザー特有のものだけではありません。社会的に重要なニュース、それに「1分間で世の中が分かる」といったような情報を欲しいと感じている人はいるはずです。ニッチ性とマス性をミックスすることが、より自分たちの理念にふさわしい形だ。その答えはいつか結果が証明してくれるはずだと考え、決断しました。

CMを見ている人はグノシーに興味がない

グノシーがマス化に振り切ったことの象徴がテレビCMだと思います。

CMでは、「メッセージアプリで『既読』をつけずに読む方法！　続きはグノシーで」「太ももを細くする方法！　続きはグノシーで」というように、面白い情報、興味深い情報、タメになる情報がたくさん載っているというイメージで売り出しました。

もともとのコンセプトである、「あなたの興味関心に応えます」というメッセージは意図的に削りました。CMを見ている人は、グノシーに興味などありません。まずグノシーを知ってもらい、興味を持ってもらって、ダウンロードに繋げる。そのためには、「面白い情報を楽に集められるんですよ」という打ち出し方が適していると考えました。

単純な獲得効率としても、そちらのほうが有利だと思いました。本来のメッセージではないところからダウンロードしてもらったとしても、使っているうちにユーザーの使い勝手が良くなれば、それで目的を達成していることになります。

などと、いまでは計画通りだったようにお話しししていますが、実はテレビCMではかなりの損害を出す大きな失敗もありました。

最初は、先ほどの「続きはグノシーで」ではなく、認知拡大のために「たかが3分。されど3分」や、「3分で旬のニュースをまとめ読み」といった、グノシーの特徴を覚えてもらうためのCMを作りました。つまり〝名前を覚えてもらうためのCM〟です。その結果、確かに「グノシー」という名前は認知されるようになりましたが、ダウンロードには結び付いていないという事態になってしまいました。

必要なのは、〝使いたいと思わせるCM〟だ。ようやくそう気づいて、使い勝手の良さやおトク感を前面に出した内容に作り変えたのが、先ほどのCMです。その甲斐あって、新しいCMの放送直後には、ユーザー数が一気に伸びました。

パーソナライズの完成系

マスに展開する以前は、ユーザーの行動のログから興味を抽出したり、記事の文章を吟味《ぎんみ》したりして、ユーザーごとの興味に見合った、質の高い情報を届けるアルゴリズムを作ることに注力していました。

そこに、より多くの人が話題にしていることは何か、世間的に人気のある情報は何か、個人の興味よりも大きなくくりとして、男女別や年齢別、地域別での記事のクリック率はどう異なるかといった特徴に注目して、マス的な情報配信に最適化するよう、アルゴリズムをガラッと変えました。

ただし、それだけだと、もともとのグノシーのコンセプトが失われてしまいます。そこで各カテゴリーのタブとは別に、情報のパーソナライズに特化した「マイニュース」というタブを設けました。

現在は、この「マイニュース」のタブはありません。もちろん、情報のパーソナライズをしなくなったわけではなく、このタブの必要がなくなったからです。

マス向けに転換した当初、「マイニュース」以外の各カテゴリーには、世間的な関心の高い順に情報を並べていましたが、各カテゴリー内でも個々人で優先度が異なることが分かってきました。そこに蓄積されるデータが増えていくことで、各カテゴリーの中でそのユーザーの興味のある順に情報を並べられるようになりました。

最初はニッチなパーソナライズから始めて、次に社会一般の話題を集めることができるようになった。そしてまた両方をミックスさせるという段階を経たことで、グノシーのパーソナライズは完成形になったのだと思います。

情報のすべてを取り扱う

その後、Gunosyは KDDI株式会社との資本提携などを経て、創業から2年半で東証マザーズへ上場、２０１７年には東証第一部への上場も果たしました。ユーザー数や利益も順調に伸びています。

その中で、新たに追求したい理想も見えてきました。

世の中の情報はニュースだけではありません。情報のすべてをグノシーで取り扱いたいと考えるようになりました。

具体的には、グノシーを「ポータル化」[※42]していくアイデアがありました。ニュースも読めて、雑誌も読める。ゲームの攻略情報も読めるし、マンガも読めるというような、あらゆる情報が詰まったアプリにする。さらにはクーポンを付けてインターネット通販ができるようにしたり、飲食店や旅行の予約ができたりと、アプリの中に一つの「都市」を作るという構想もありました。

これは中国のメッセンジャーアプリやニュースアプリが採っている戦略であ

※42
「ポータル」とは、玄関、入口の意味。そこから派生して、ユーザーがインターネットを利用する際の入口となる場所を、ポータル（サイト）と呼ぶ

り、当時の私たちにとってもしっくり来るものでした。

グノシーのアルゴリズムを活用すれば、それは十分に実現可能です。しかし結論から言えば、このアイデアはうまくいきませんでした。理由はいろいろあったのですが、いちばん大きかったのは、やはりスマホのアプリは単機能のほうが使い勝手がいいということです。

何をするためのアプリかがはっきりしていて、そのための機能が磨かれているものをユーザーは好んで使います。一つのアプリに複数機能を搭載すると、何のためのアプリなのかが分かりづらくなり、操作も複雑化してしまいます。

そこで、一つの目的に対してクオリティが担保されたアプリを、個別に作っていけばいいと発想を転換しました。

ここから生まれたアプリが、「ニュースパス」と「LUCRA（ルクラ）」です。これらは両方ともグノシーと同様のニュースアプリですが、グノシーをエンタメ性の高い〝テレビ的〟アプリと例えるなら、ニュースパスは時事ニュースをしっかり届ける〝新聞的〟、LUCRAは女性に向けた〝雑誌的〟なイメージです。

これらのアプリの裏にあるアルゴリズムの考え方は、基本的にどれも同じです。「ユーザーのデータを元にそれぞれの目的に応じて学習していく」という構造を作ることは非常に難しいのですが、アルゴリズムを改善するアーキテクチャ※43を共有化し、各々のサービスでそれぞれチューニングできるようにしたことでこの課題を解決しました。自分たちであればそういったアーキテクチャを作ることができるであろうという自信に基づく決断でした。

共有のアーキテクチャでそれぞれに異なった機能のアプリを提供する。これがモバイルにおけるポータルなのではないかと考えたのです。

※43 アプリケーションソフトなどの基本設計や設計思想のこと

「社会的意義」を持つことがビジネスの根源

「好きだからがんばれる」が出発点

ここまで、グノシーが開発された経緯や事業化されてからの展開を述べてきましたが、つまるところ、現在の場所まで来ることができたのは、「自分のやりたいこと」をビジネスにしたからだと思っています。

事業化に当たっては、いろいろな方々から本当に多くの助力を得ました。資金面もさることながら、社員を採用したり、事業の将来性を見極めたりといった会社経営のイロハを知ることも、私たちだけでは到底できなかったはずです。

そんな中でも、困難を乗り越えていくために必要なのは、究極的に言えば自分ががんばれるかどうかです。「自分のやりたいこと」でがんばることができたから、私たちはここにいられるのだと思います。

事業とは、どんなに早くても5年、多くの場合は、10年や20年かけて完成していくものです。軌道に乗るまでは、とにかく辛いことがたくさんあります。地べたを這《は》いつくばる姿勢でがんばらなければ、乗り越えることはできません。

「儲かりそうだから」では、やはりその支えにはならないのだと思います。「好きだから」「ワクワクするから」「作りたいから」、そうした意志ほど強い動機になるものはないのではないでしょうか。

ただし、自分の願いを本当に形にしたいのなら、その目は常に「社会」を捉えていなくてはなりません。いくらやりたいことや好きなことでがんばっても、社会に求められるものでなくては成功できない。

これは当たり前の話です。やりたいことをやっていれば、お金にならなくてもいいという人もいます。もちろん、その価値観も大事だと思いますが、それを仕事とは呼べないと思います。本当にやりたいことがあるなら、やりたいことを実現するために「社会」とどう関わりを持つか。そう考えて突き詰めていくべきだと思います。

私は、よく「好きなこと」と「商業的成功」を両立させようという話をします。それがいちばん難しく、いちばん格好いい。そして、そういう人こそが「やりたいこと」を実践し続けられるのだとも思います。

自分が好きなものと相手の好きなもの

ビジネスにおける失敗の最大の原因は、「自分が好きだから作ったものが、相手の好きなものではなかった」ということです。言葉にしてみれば当然のことですが、この基本が見失われている場合が多いように思います。

社会を意識せずに作ったものが、たまたま受け入れられることもあるでしょうが、極めて珍しいはずです。自分のやりたいものと、社会で求められていることの「接地面」を探していくしかありません。

例えばラーメン屋を開くなら、まず自分がおいしいと思うラーメンがあるはずです。しかし、それだけでは多くの人には受け入れられません。自分がおいしいと思うのはどの部分なのか。スープなのか、麺なのか。スープであれば、豚骨のダシなのか野菜のうまみなのか。その譲れない芯を明確にした上で、世の中に受け入れられるように変えていく。太麺が流行《はや》っているから変えてみる、あるいは斬新なトッピングでお客さんを惹き付ける。誰もがそうやって社会との接地面を探しているはずです。

それができない人がいるとするならば、他人のことを考えて成功した経験がないからだと思います。人間は「インセンティブの生き物」です。自分のやりたいことをやれるということも一つのインセンティブだとは思いますが、自分のやりたいことがやれて、なおかつ社会に求められているというのが、最高にインセンティブが働いている状態だと思います。その経験がないから、あるいは求めようとしないから、いつまでも内向きの視点しか持てないのではないでしょうか。

一度成功しても、社会との接地面を探す意識を持ち続けなければいけません。ずっと同じことをしていると、いつの間にか最初の成功体験に甘え、「自分たちが最高!」というような思い込みを抱きがちです。「イノベーションのジレンマ[※44]」というようなことも、そこから起きてくるのではないでしょうか。

少し外に目を向けてみれば、自分たちと同じ分野でもっと上手に事業展開をしている企業や、斬新なプロダクトを出して急激に伸びている企業があるかもしれない。それなのに、なぜか「自分たちはこれでいい、このままがいい」という思考になってしまうわけです。

自分がやりたいと思うのならば、そこに何らかの魅力があるはずです。その魅力を自分1人しか感じないということはあり得ません。必ずどこかに社会との接地面がある。それを見つけて、広げていこうとする姿勢が大事なのだと思います。

真の「ユーザーファースト」とは

どこまでもユーザーのためを追求する、いわば「ユーザーファースト」で

※44
「成功を収めた企業が既存製品の改良ばかりに注目し、顧客の新たなニーズに気が付かず失敗する」という概念。ハーバードビジネススクールのクレイトン・クリステンセン教授が提唱した

あることで、自分のやりたいことができなくなるのではないかという人もいます。しかし、この二つは決して矛盾しません。正確に言えば、ユーザーファーストのないところに事業は成り立たないはずです。

ユーザーファーストとは、ユーザーに迎合することを意味しません。極端な例を挙げれば、「アプリをダウンロードしてくれたら100万円あげます」と告知したらとてつもない数のユーザーが増えるでしょう。しかし、当然長続きしません。資金が足りなくなるという意味もありますが、お金を目当てにダウンロードしたとしても、サービスが確かなものでなければ、長期的な視点で考えたときにユーザーのためにならないからです。

ユーザーに確かな価値を提供し続けるために必要なのは、長期的かつ安定的なキャッシュフローです。しかるべきコストを払ってもらって、より良いサービスを提供していく。そのギリギリのバランスを探し、追求していくことが、真の「ユーザーファースト」なのだと思います。

グノシーは無料のニュースアプリですから、「コストを払っている」という意識を持っているユーザーは少ないかもしれませんが、アプリを開き、記事をクリックして読む、その「時間」もユーザーにとってのコストです。

ユーザーが払ってくれるコストに対して、自分たちは、どんな付加価値を提供するか。その製品なりサービスなりを使うことによって、どのようにユーザーの利便性が上がったり、効率性が上がったり、人生が豊かになったりするかを考えなければいけません。

それは「社会的意義」と言い換えられるかもしれません。この視点を常に持って事業に従事することが、本来のビジネスの在り方です。そして、ユーザーファーストを実現するために必要なのは、データとテクノロジーです。私たちはそれを信じています。

やろうと思えば、人に後ろめたいような仕事でも稼ぐことはできるのかもしれません。それでいいという人もいるのだと思いますが、私は興味がありません。堂々とユーザーのため、社会のためになることをし、堂々とお金をいただく。これができて初めて一流のビジネスパーソンになるのだと思います。そして、だからこそビジネスは面白いのです。

事業化の価値とは

やりたいことに多くの人を巻き込む

自分の好きなことをビジネスという構造にはめることができれば、いつまでも好きなことを続けることができる。そのために事業化があるのだと思います。

事業化で得られるインセンティブはとても大きいものです。

一つは、自分の得意なことで、世の中の課題を解決に向けて動かせるという点です。自分がやらなければ動かなかった課題、自分の意志が介在しなければ気づかれなかった課題を解決していくことができる。

その課題は、自分がやらなくても、いつかは誰かが気づいて解決しようと動くものかもしれません。しかし、だからこそ、最初の担い手になりたいと考えるわけです。

そして、事業化することで、自分のやりたいことに多くの人を巻き込めるようになります。組織であることで、より大きな力となって社会への影響力を持つことができる。それは自分1人では得ることのできないインセンティブです。

創業者3名で出発したGunosyは、たくさんの協力を受けて成長し、いまでは160名以上の会社になりました。会社の規模としては大きくありませんが、グノシーのダウンロード数は、すでに2400万を超え[※45]、さらなる飛躍を目指して次の展開を模索しています。

これを趣味でやろうと思っても無理だったはずです。事業化することで、より大きなスケールで社会の課題に向き合える。そこに、やりたいことを事業化することの醍醐味があるのだと思います。

※45 2018年7月現在

自分の考えが足りないから説得できない

もちろん、事業化によって多くの人を巻き込むということは、それだけ自分の自由度が下がることでもあります。

出資者への責任、社員への責任、そして数多くのユーザーへの責任。いろいろな責任を背負う以上、好き勝手にすることは許されません。上場すれば、特に強いガバナンス[※46]が働くようになります。「私はこうしたいんだ！」というだけでは話を通すことはできません。

実体験としては、先に述べたグノシーのマス向けへの転換です。

私の中には「理想のニュースアプリ」のイメージがあり、その理想を叶えるには、いったんアプリをマス向けにする必要がありました。

社内や株主に対しては、「これからやろうとしていることは、一見、本道からずれるように感じるかもしれない。しかし、将来を考えたら戦略的に一致する」と言葉を尽くすことで説得することができましたが、やはり強い反対

※46
「統治」。政府による法的拘束力を持った統治システムである「ガバメント」に対し、組織や団体のメンバーが主体的に関与を行なう、意思決定、合意形成のシステムのことを言う

もありました。いざマス向けにしてみても、社外からは「Gunosy は変わってしまった」という声が聞こえてきました。

それでも、私としては本質的に変わったつもりはありませんでした。

自分が思い描く「理想のニュースアプリ」に向かうために、もともと情報のパーソナライズのために使っていた技術を、もっとジェネラル[※47]なニュース配信に適用した。それだけのことであって、「情報を最適に届ける」という理念もテクノロジーにかけるという基軸も一切揺らいでいません。

合意形成の過程では、自分が譲歩したほうがいい場合もあるかもしれません。「万人が納得するロジックなどない」という前提で、どこまで譲歩し、いかに通したい話を通し、人に動いてもらうかを考えることも、経営者の重要な仕事です。

それを「そもそもうちの会社だとこんなことできないな」と諦めていたら、恐らくいまのグノシーにはなっていなかったはずですし、ニュースパスやLUCRA も生まれなかったでしょう。

多くの人を巻き込む以上、好き勝手が許されないのは当たり前のことです。

※47 「一般的」「総合」

自分のやりたいことを実現した人に一つの制約もなかったなどという話はあり得ません。むしろやりたい方向へ進めば進むほど制約だらけでしょう。

1人の会社員としても同じで、どんな会社にも良い所と悪い所があります。旧来的な日本企業には、意味のないルールがたくさんあるということも聞きます。何をするにも上司の判子が必要、前例主義で新しいことができない。しかし、そのことに文句を言っているだけの人が組織から離れたとき、どれだけのことができるのでしょうか。

通したい話があるのなら、通すためのロジックを考えて、周囲を説得すればいい。それができないようであれば、自分の中で考えを煮詰めきれていないか、そもそも通す意義のない話だったに過ぎないのかもしれません。

自分にとって最適な環境をつくる

いろいろ苦労したこともありましたが、私はやはりGunosyを事業化してよかったと思っています。事業を続けるには、多少は自分を曲げなくてはいけないときもあるかもしれませんが、本質的にはやりたいことを続けることができています。

私のやりたいことは、情報を適切に届けること、その上位概念として、テクノロジーを使って世の中を効率化することです。このゴールを追い続けるという意味では、最適な環境を作ることができたと感じています。

そもそも、どんなことでも、100パーセント満足できる環境などあり得ません。企業に就職し、週末起業でグノシーを続けていたら、自由度こそ高かったかもしれませんが、きっと「もっと広めたいのに、時間も資金もない」というジレンマに苦しんでいたはずです。

事業化したことで、先ほどお話ししたように、とても大きなインセンティブを得ています。趣味でやっていた頃とは比べものにならないほどの規模で、自分が「いい」と信じられることを継続できている。そのことで堂々とお金儲けができる。そのほうが、私にとっては価値があります。これは起業家や経営者に限らず、ビジネスに関わるすべての人たちにとっても同じなのではないでしょうか。

将来のためにいま取るべきポジション

「メディア」から始めた意味

グノシーが一定の成功を収めつつある中、次にどんなビジネスを展開していくか。これは経営者として、常に考えてきたことです。

今後、さまざまなテクノロジーの進化、普及が進んでいくでしょう。自分たちにできること、できないことを踏まえて、ビジネスを展開していく順序を戦略的に考えなくてはいけません。

先にもお話ししましたが、かつてグーグルがアンドロイドを買収したとき、不思議に思った人のほうが多かったでしょう。それがフタを開けてみれば、モバイルによって形を変えるさまざまなサービスの入口を手にし、そこから大量のデータが集まることで、グーグルのビジネスは盤石なものになりました。さらには自動運転へと手を広げる重要な足掛かりにもなっています。モバイルの時代を見越してアンドロイドを買収したことが、見事にいまのビジネスに繋がっているのです。

私たちの例で言えば、最初に「メディア」の世界にポジションを取りに行ったことには、非常に大きな意味と狙いがありました。

機械学習を生かしたビジネスは、ニュースアプリのようなメディア以外にも、情報の非対称性やマッチング問題を抱える求人サービス、不動産サービスなどが考えられます。しかし、仮に私たちが、これらのサービスから始めたとしても、恐らくいまのような成長はなかったでしょう。

なぜなら、求人や不動産には、「市場は大きいがデータを集めるのが大変」という難関があるからです。ニュースであれば、基本的にはクロール[※48]すれば集めることができますが、求人はたくさんのエージェントを介さなければいけませんし、不動産では継続的に営業活動をして案件を集めなければいけま

※48 インターネット上で情報を探索、収集すること

せん。つまり、単にユーザーを集め、アルゴリズムを改善し、サービスの使い勝手を改善すること以外にも、コンテンツ集めやマネタイズにまったく別種のBiz Dev[※49]力が必要となる分野です。

「市場が大きい分野を狙え」とはよく言われる言葉ですが、メディアは「市場は大きく、データも集めやすい。したがって立ち上がりが速い」分野です。ビジネスを立ち上げる上ではそうした時間軸を考えることがとても大事だと思います。

「速い」分野にポジションを取る

また、グノシーという「ソフトウェア」から始めたことにも大きな意味があります。

第1章でソフトウェアはハードウェアに比べて進化と普及が「速い」と述べました。「無人コンビニ」や「VR／AR」、「自動運転」など、近年、新しいハードウェアが次々と開発段階から試用段階に入っていますが、実際に普

※49 「Business Development」の略。事業開発のこと

及するにはかなりの時間を要するでしょう。

その点、ソフトウェアは、それなりにノウハウを知っているエンジニアであれば、作ってリリースすること自体は簡単です。不完全なものをリリースしていいとは言えませんが、何か問題が見つかったら、その都度改良し、アップデートしていくことができます。これはハードウェアでは不可能なことです。車に新たな機能が付いたからといって、その度に買い替えてもらうことはできないでしょう。

また、ソフトウェアの「速さ」は、「マネタイズの速さ」でもあります。ソフトウェア自体は無料でも、一定のユーザーが付き、広告を取れるようになれば、すぐに収益へと繋がっていきます。

さらにソフトウェアの「速さ」は、「供給の速さ」でもあります。例えば車のような設備投資が必要な産業では、需要が急激に高まれば生産が追い付かなくなってしまいますが、ソフトウェアの場合は、ユーザーの増加に応じてサーバーを増やせばいいだけです。

そして、機械学習的なソフトウェアには「データが集まるほど性能が良くなる」という特性があります。開発からリリースが速い、マネタイズが速い、普及が速い、こうして成功したソフトウェアには大量のデータが集まるようになり、ネットワーク効果が働きやすくなります。

この連鎖反応が特に顕著に起こった好例がフェイスブックだと思います。誰でも簡単に始めることができますし、頻繁に「いいね！」して、気になる広告をクリックする。こうしてユーザーのデータが潤沢《じゅんたく》に集まる中で、使い勝手のいいSNSに進化し、さらにユーザーが集まるというネットワーク効果が働きました。その結果として、フェイスブックは世界最大のSNSになっています。

このように、市場が大きく、「速い」分野でポジションを確立できると、同様のテクノロジーを応用できる分野へと再投資していくことができます。ソフトウェアから始めたからこそ、その延長線上にあるものとして、ほかの選択肢も考えられるのです。

私たちが思い描く今後

メディア以外の領域への進出

私たちが思い描いている今後の展開は、機械学習を「メディア以外の領域」へ、そして私たち自身を「機械学習以外のテクノロジー領域」へと広げていくことです。機械学習というテクノロジーの可能性を新たに、独自に探っていくと同時に、機械学習を足掛かりとして、新しいテクノロジーにも手を広げていきたいと考えています。

そのために必要なのは、「進化と普及のスピードが速くて、大量のデータが集まるポジション」を取り続けること、そのポジションをより大きくしていくことです。

メディア、ソフトウェアというポジションを取ったことで、私たちのもとには、ユーザーのログが大量に集まるようになりました。マネタイズもできている。そんな自分たちの強みを、今後のためにも存分に生かし、もっと伸ばしていくことで、さらなる段階に進むことができるはずです。

私たちが現在ポジションを取ることのできている「ソフトウェア」は、ハードウェアのこれからの進化を支えるものでもあります。「無人レジ」も「VR／AR」も「自動運転」も、すべて「新しいソフトウェアを搭載したハードウェア」です。これからのハードウェアは、ソフトウェアの進化なくして実用化できません。ハードウェアの進化は、ソフトウェアの進化の先にあるわけです。

ハードウェアは長年にわたり開発を重ね、製品化に漕ぎ着けたところで、ようやくビジネスが始まります。開発からリリースも、マネタイズも、ソフトウェアより圧倒的に「遅い」と言えますが、反面、普及しきったときには、ソフトウェアを凌ぐキャッシュフローが生まれます。

ただ、私達の強みをより生かすためには、ハードウェアを直接開発するというよりは、さまざまな会社と協力しながらポジションを取っていくほうがいいだろうと考えています。というのも、毎年数千億円という研究開発費を投入できる、グーグルやフェイスブック、アマゾンといったテックジャイアント[※50]に比べて、資金力も人材も手薄だからです。私たちの戦い方としては、ソフトウェアとテクノロジーの領域に選択と集中をし、足りない部分は他社との協力で埋めていくということが正しいのだと考えています。

ブロックチェーンによる「合意形成の革命」

機械学習以外のテクノロジーへの展開として私たちが考えているのが、「ブロックチェーン」の領域です。「仮想通貨」[※51]の話題と共にニュースで耳にした人も多いと思います。

すでに「非中央集権化」という言葉で多く語られているブロックチェーンですが、私は、そうした文脈に加えて、ブロックチェーンとは「合意形成を機械的に行う仕組み」であると捉えています。

※50 技術系の最大手企業のこと

※51 インターネット上でのみ流通する、紙幣や貨幣を持たず公的金融機関を媒介しない通貨。「ビットコイン」に代表される。ブロックチェーンは仮想通貨の基幹技術となっている

もう少し技術的に言えば、「特定の中央を介さずとも、透明に、非改ざん性を保証すること」ができます。これを技術的に保証するということは、新たな信用を創造することであり、いままでにないインセンティブ設計をさまざまな領域に生み出します。またその行為自体がソフトウェアでプログラマブル[※52]にできることによって、すべての開発者に開かれるということが大きな意味を持ってきます。

仮想通貨で考えると分かりやすいと思います。

人は、口約束や契約書を交わして合意形成をします。通貨も、紙切れや金属片の「価値」に対する合意形成です。日本では日銀、アメリカならFRB[※53]というように、国ごとの中央銀行が「この紙1枚、金属片一つには、これだけの価値があります」と保証し、その保証をもとに私たちは合意して、通貨を交換しているわけです。

それが、ブロックチェーンというテクノロジーによって、国の中央銀行も民間の金融機関も介さず、機械的に通貨の取引状況を承認し、その価値の交換に関して合意し合うことが可能になりました。また、その価値交換が裁判

※52
装置やソフトウェア、システムなどの動作を利用者が必要に応じて変更したり自動化したりできること

※53
「Federal Reserve Board（連邦準備制度理事会）」の略。アメリカの中央銀行制度である「FRS（Federal Reserve System／連邦準備制度）」の最高意思決定機関

や暴力などで執行されるのでなく、機械的に記述されたルールと計算力で自動的に執行されるというのも特徴です。

難しく聞こえるかもしれませんが、要は、世界中の顔も素性も知らない人間同士が、お互いを信頼しなくても、ある一定のルールによって円滑に取引が進められるということです。あるいは、将来的にはボット[※54]やＩｏＴ[※55]デバイス、機械学習のプログラムが交換相手になるのかもしれません。

こうしたことが実現すると、いままで大きな組織に閉じていた金融やＰ２Ｐ[※56]プラットフォームの恩恵が、もっと小規模に、個々人に解放されます。経済学ではこういったコストは「取引費用」と表現されますが、まさにこの取引費用が下がることで、いままで市場経済には乗らなかったもの、コスト的に乗せることができなかったものも、取引されるようになっていきます。

これが仮想通貨の基本的な仕組みです。いままでは、国や中央銀行、金融機関やプラットフォーム企業が保証することでしかあり得なかった「価値」の合意が、機械でも行えるようになっているのです。

このように、ブロックチェーンを「合意形成を機械的に行えるようにする

※54
「ロボット」の略称。転じて、コンピュータやインターネットの分野において、作業を自動化するプログラムを指す

※55
"IoT"は「Internet of Things」の略。あらゆる物がインターネットを通じてつながることによって実現する新たなサービス、ビジネスモデルの概念。"デバイス"はコンピューターに接続して使うあらゆる装置を指す

※56
「Peer to Peer」の略。ネットワーク上に存在するコンピュータが、1対1の対等な関係で通信を行うこと。またはその通信を提供するソフトのこと

もの」と捉えれば、仮想通貨以外にも、さまざまな活用法があると予想できます。究極的には、信頼しない相手とでも合意形成ができる。というより、その相手との合意形成がなくても、ブロックチェーンを介せば取引ができると言ったほうがいいかもしれません。

例えば、「道端でゴミを拾うこと」は、誰もが認める「良い行い」です。しかし、この行動に対価は支払われにくい。「さっき道端のゴミを拾ったので、お金をください」と言われても、それが本当かどうかは分からないですし、そもそもそんな小さなことに対していちいち価値の交換を中央的に承認するにはコストが高すぎます。ゴミを拾うことの価値を換金しようとしても不可能なわけです。

しかし、「『ゴミを拾う』という行為には報酬を払おう」と人々が合意し、その行動が機械的に把握されるようになれば、「ゴミ拾いましたよ。お金くださ い」という人を信頼しなくても、その行為自体に対して報酬が支払われることになります。それを実現可能にするのは、テクノロジーによる大きなコスト構造の変化です。

ブロックチェーンの仕組みの中で、あるプロトコル※57に対して合意すること で、個々人との合意形成は必要なくなる。すると、ある種ボランティア的な活動や公共財のような、いままでの市場では経済活動の外側とされていた活動にも報酬が生まれやすくなる可能性があるということです。

同様のロジックで、さまざまな金融取引や価値移転、シェアリングサービス、行政サービスなどにもブロックチェーンが入ってくる可能性は大いに考えられます。

「横」に広がる技術で強いインパクトを残す

ブロックチェーンの進化は、必ず機械学習並みに重要なインパクトを社会に与えていきます。ただし、いまのブロックチェーンは、技術の成熟度で言えば何十年も前の機械学習と同じくらいのレベル感かもしれません。さまざまな点で技術的課題があり、先にゴミ拾いを例に述べたような世界の実現にはまだまだ時間がかかるでしょう。これはインターネットが本当の意味で社

※57 コンピュータ同士が通信をする際の手順や規約などの約束事

会に普及し、世の中を少しずつでも本質的に変えていったアナロジー※58で考えると理解しやすいかもしれません。

その中にも、必ずブロックチェーンによって急激に変化が起こるポジションがあると私は考えています。だからこそ、キャッシュと情報、そしてテクノロジーへの研究開発を持てるポジションで待ち続けることが必要です。まずはいまの技術でできる範囲で、いま支払えるコストでより便利になる領域を探して参入していくことが大事になると考えています。

逆に言えば、いま始めなければ、誰かに先を越されてしまうということでもあります。そう考えて、私は2018年8月からGunosyのCEOを離れ、新たに設立した「株式会社LayerX《レイヤーエックス》」の代表取締役として、ブロックチェーンの技術開発に注力していくことを決めました。その決意をできたのは、Gunosyはテクノロジーの力を十分に理解し、経営に生かすことができる組織であるという自信と、会社としての成長がある段階に入ったという確信を持てたからです。

いままでの社会は、一つのことを極めようとすると一つのことしかできま

※58
「類推」。未知の物事を既知の物事に当てはめて推論する思考方法

せんでした。職人になって技術を磨いても、あるいは画期的な商品を開発しても、基本的には限られた枠の中でしかインパクトは残せません。

しかし機械学習やブロックチェーンは「横」に広がる技術です。さまざまな場所のさまざまな領域に強いインパクトを残すことができる。そのことがとても面白いと感じています。

ソフトウェアからハードウェア、機械学習からブロックチェーンという展開は、一見無関係に思えるかもしれません。私と同じビジョンを社内全体が完璧に見えているわけでもないと思います。

しかし、自分たちが持てる強み、いまいるポジションにどんな特徴や可能性があるかをしっかり考えていけば、いまの事業のほかにも、いくらでも展開が見えてくるのだと思います。そうした幅広さと汎用《はんよう》性が、これから先の時代の経営には求められるのだと思います。

第 4 章

「不確実な世の中」を生き抜く思考

事業に劇的なことはあまりない

どんな時代にも「正解」は必ずある

戦後の復興期や高度経済成長の時代では、社会全体が目標を共有していました。

敗戦の痛手から立ち直りたい、経済でアメリカに追い付きたいという思いのもと、みんなの「欲しいもの」も、ある程度共通していました。「三種の神器」と呼ばれた白黒テレビ・洗濯機・冷蔵庫。「3C」と呼ばれたカラーテレビ・クーラー・カー（自家用車）というようにです。

みんなの需要が共通しているという意味では、その後にもしばらく同様の時代が続きました。高級車を買う、ブランドの服を買う、マイホームを買う。

「一億総中流」ともいわれる経済状態で、人々の消費行動には、一定の傾向がありました。

それに比べると、現代はとても不確実性の高い時代です。テレビも洗濯機も冷蔵庫もクーラーも、いまでは誰もが当たり前のように持っています。片やいまの若い世代は、車やマイホームを所有することにあまり関心がないともいわれます。

ライフスタイルや価値観の多様化に伴い、ニーズも多様化しています。いつの時代も「何が当たるか分からない」と言われてきたのでしょうが、いまほど「何が求められているか」がはっきりしない時代は、かつてなかったのではないでしょうか。

そういう意味で、いまは「ハードウェア社会」から、「ソフトウェア社会」への変化が起こっているといえるかもしれません。

「モノ」としてのニーズは満たされている。あるいはニーズそのものが低くなっている。その中で、より高い付加価値を提供しなくてはビジネスが成り立たなくなっています。

ハードウェアを作るには、設備投資や人件費などの資本力が必要です。そのためハードウェア社会では、大企業が莫大な資金を投じて製品を作り、マスマーケティングを仕掛けて社会のニーズを喚起《かんき》していくという特徴がありました。

一方、ソフトウェア社会では、ニーズが多様化している中で、いかに多くのユーザーの潜在ニーズを掘り起こしていくかが問われます。そしてひとたびニーズを探り当てれば、あっという間に普及してネットワーク効果が働くというのも、ソフトウェア社会の特徴です。

不確実性が高い中にも、確実に正解はあります。埋もれている正解を導き出す頭を養うことが、個人にも企業にも、いま求められているのです。

「手数《てかず》の多い人」が勝つ時代

現代は、「やってみる」という実験を繰り返すことができる人、「手数の多い人」が勝つ時代だと思います。

他企業を見ても、手数の多い会社が成功しているように思います。一方で、それらの企業と同じくらいのアセット[※59]を持っていても、成長が停滞している企業もあります。そうした企業が積極的に実験を繰り返しているようには見えません。

個人レベルで考えても同様です。Gunosyの社員でも、慎重に考えを詰めきってからでないと実験できないタイプより、ある程度、決め打ちできるタイプのほうが伸びる傾向があります。

決断の総量を増やしていくことが大事なのだと思います。いきなり正しいところにたどり着くことはできません。「この辺りが正しいだろう」と思うところへ向けて進み、その方向を都度決めていく。そうしてジグザグと試行錯誤しながらようやく正解にたどり着けるのだと思います。

事業に、劇的なことはあまり起こりません。

特にIT企業には「一発大きく当たるものを作れたら勝ち」というイメージがあるようですが、実際の事業とは、もっと地道で泥臭い世界です。私たちの事業成績を見て、急成長と言ってもらえることもありますが、それは表

※59 「資産」「財産」

面上の数字を見ているだけに過ぎません。逆に言えば、数字的に落ち込んでいるタイミングがあったとしても、それは地道な成長の途中だと言えます。

雪だるまが転がるうちに大きくなっていくように、事業は成長していきます。手で握った小さな雪玉が、コロコロコロコロ、少しずつ大きくなっていく。

瞬間的に大きく伸びたように見えるときがあっても、ずっと前に自分たちが「これ」と見込んで作ったモデルが、実験と調整を繰り返す中で徐々に効果を発揮しはじめ、ある瞬間にパッと跳ねた。その瞬間に世間の注目が集まるだけです。試行錯誤の道のりは表には見えづらいだけなのです。

積み上がっていくものにしか意味はない

もちろん、手数を増やしていくだけではだめです。実験したならば、必ずその結果の検証が必要です。失敗したなら、何が原因かを突き止めるまで分析する。その問題を解決する方法を見出して、また実験をする。そうして常にチューニングを加えていくことで初めて、正しい方向に進んでいくことができます。

これも機械学習と同じです。不確実性の高い時代では、何度も「トライ&エラー」を繰り返すことができる人が強い。

そうしていったんモデルが出来たら、そのプロセスを明確にして、いつでも再現できるようにしなければいけません。そしてさらに、絶えずチューニングを続けていく。

何か一つ、「これでうまくいった」というやり方を続けていれば安泰というわけではありません。むしろ、うまくいったときこそ危険です。一つのやり方に固執することで、ほかの可能性を見ようとしなくなってしまう。「こだわり」という名の怠慢《たいまん》が生まれ、それが事業の停滞に繋がります。

事業においても、あるいは人生においても、一足飛びに進んでいくことはありません。一つのきっかけで大きく膨らむものがあっても、その土台がしっかりしていなければ、すぐに崩れてしまいます。少しずつ、少しずつ、積み上がっていくものにしか意味はないのです。

「判断」と「意思決定」は異なる

「判断」は保留してはいけない

経営者に限らず、何をすべきか、どちらを選ぶべきかの選択に迫られることは、たくさんあると思います。

人が何かを選択すべきとき、判断材料が比較的容易に出揃っていて、決めるだけでいいことと、判断材料が揃っていなくても決めなければいけないことの2種類があります。目の前にある選択がこのどちらなのかを見極めることは、企業としても1人の人間としても、とても重要なことだと思います。

その違いは「判断」と「意思決定」と言い換えることができるかもしれません。

私たちは普段の仕事の中でたくさんの意思決定をしていると考えるかもしれませんが、多くの場合、その選択は「判断」に過ぎません。

例えば上司に仕事を命じられて、その方法がAとBの2通り考えられる。過去の実績を振り返ってみると、結果に大きな影響を及ぼすデータはすべて出揃っていて、Aのほうが効率的だと分かったからAのやり方を選択する。あるいは、Aのやり方を深く分析してみると、当時の特有な要因が働いていたことが分かった。だから今回はBを選ぶ。

こうした選択は「判断」です。統計的な判断基準が揃っていれば、判断は、ほぼ機械的に下すことができるわけです。

判断材料はすべて揃っている。誰の目から見てもどちらを選べばいいかは明らかなのに、その決定のためだけに上司、役員の判子がいる。そうした会社もあると思いますが、とても非効率的だと思います。

「正しい判断」より「速い判断」

ソフトウェア社会では、「正しい判断」より「速い判断」が必要です。変化の速い社会では、常にスピードを持って決断をしていかなければ、チャンスは容赦なくほかの人の手へ渡ってしまいます。

速い判断とは、根拠のない、雑な判断ではありません。判断するに足る判断基準に従って下す判断です。

そもそもビジネス的な成功に繋がった判断を「正しい判断」とするならば、正しいかどうかは、すべて事後的に分かるものです。そんな正しさを求めて迷えば判断が遅くなるのは当然ですし、事前に「正しいかどうか」ばかりを考えること自体が不毛です。

「正しい判断」を求めて時間をかけるというのは、自分の中で判断基準が明確ではないからです。そういう自分の基準がない人ほど、「もっと情報が欲しい」「まだ決められない」といって判断を先送りしてしまいます。

それは決められないのではなくて、考えることができていないだけなのではないでしょうか。判断基準がしっかりとしていれば、たいていのことは話を聞いた時点で判断できるはずです。

仮に判断材料が揃っていないのであれば、それを集めればいい。そのための時間が必要なことがあっても、「ひと晩寝てから考える」などと判断そのものに時間をかけていては、出遅れるだけです。

アマゾンの社内には、「70パーセントの情報が出揃ったら意思決定する」というルールがあり、100パーセントの情報が揃った判断よりも奨励されているそうです。Gunosyではここまで明文化はしていませんが、同じ原理原則に基づき、「正しい判断」より「速い判断」を大切にしています。

決められないことを決めるのが「意思決定」

一方で、「意思決定」とは、判断材料が存在しない状況、あるいは、判断材料が揃うまで待てない状況で決断を下すことです。

どれだけ判断材料を並べても、未知の部分が多く、統計的に判断が下せない。その状況で決断をしなければいけない。それを決めるのが経営者です。

分からないことを分かるようにするためには、「やってみる」しかありません。そして、やってみることには、本質的にリスクが伴います。そのリスクが大きくても、いまやらなくては先手を取れない。そうであるならば、「やるぞ！」と決めて飛び込むしかありません。

そう言うと毎日綱渡りのように聞こえますが、そうではありません。むしろ、綱渡りをしないでいいようにするのが経営者の役目です。自分の意思決定が会社の将来に関わるわけですから、当然重い責任が伴います。会社が傾くような意思決定は避けなければいけません。

「イチかバチかの勝負が必要だ！」という経営者もいるかもしれません。考えて考えて考え抜いて、もうこれ以上ないところまで考えた。それでもイチかバチかの決断をしなければいけない。心に淀みなくすべての人に対してそう言えるのであれば、確かに賭けに出てもいいのかもしれません。

しかし、本当にそこまで考えることができているでしょうか。逆に、そこまで言い切れる人の意思決定の裏には、しっかりとした確信が存在しているはずだと思います。綱渡りになっている時点で、戦略的に失敗しているわけです。

リスクはコントロールできる

会社を危機にさらしてはいけないとはいえ、リスクを恐れ、ひたすら守りの姿勢を取るだけでは、会社を伸ばしていくこともできません。不確実性の高い世の中では、むしろ守りの姿勢がリスキーになる場合もあります。

大きなポジションを取るためには、「最初にやってみた人」になる必要がある。そこで考えるべきは、やってみなければ分からないことに対して、自分たちはどれだけのリスクを取れるのかを見極めることです。

例えば、グノシーのサービス向上のためにアルゴリズムを変更するとします。その結果、ユーザー数が増えるのか減ってしまうのかは、フタを開けてみなくては分かりません。それを全ユーザーに対して試すのは危険すぎます。

実験が失敗に終わったら、一気にユーザーが離れてしまいかねません。

ではここで私たちはどれだけのリスクを取れるのか。この実験の場合で言えば、すべてのユーザーに同じ実験をする必要はありません。目的と得たい結果の想定によって具体的な数字は異なりますが、ある割合のユーザーに対する実験だけで十分効果を検証できます。統計的な考え方がしっかりとできていれば、実験の効果を検証するために何パーセントのユーザーでの検証が必要かは、機械的に導き出せるのです。

実験の結果は読み切れませんが、リスクは読める。リスクはある程度、数理的にコントロールできるものなのです。

これは既存の事業の改良に限らず、新しいことを始めるときにも同様です。どんな意思決定においても、何が必要最低限のリスクかを把握しておくことが非常に重要だと思います。

取るべきリスクを取って飛び込む度胸と、どう転んでも会社を存続の危機に陥れないように外堀をしっかり固める慎重さ。ビジネスを成功させていくには、こうした資質が必要なのだと思います。

経営者としての理想を言えば、社員全員が経営者的な視点で動ける会社になることです。その視点を持った上で、経営陣は「広い視野」で経営的な意思決定を下す。社員は「深い視点」で、それぞれの課題に懸命に取り組み判断を下していく。これが理想の組織ではないでしょうか。

最大の武器は「数字」と「データ」

測れる部分は徹底的に測る

数多《あまた》のサービスがある中で、自分たちの提供するものがユーザーに「いちばん良い」と思ってもらうためには、どんな要素を取り揃えたらいいか。

雲をつかむような話にも思えますが、適切に考えを深めれば必ず正解が見つかります。

大きな武器となるのは、「数字」と「データ」です。

昔と違って人々の欲求を測り切れない世の中だからこそ、測定可能な部分はしっかり把握する。数字に表れる細々とした現象が、サービス向上のために下す意思決定や判断の精度を高める基準になってくれます。

例えば社内で企画案を出し合うとき、たいていはみんなが「それ、良さそうだね」と感じる案が出るものではないでしょうか。企画は、自分自身が感じている課題から考えていくことが多いはずです。逆に「需要ゼロ」というものを提案するほうが難しいと思います。

企画がうまくいかない原因の多くは、「良さそうだけど、どれだけの人が必要としているか分からない」ことです。あるいは、企画を考えている人にとって、その課題の優先度が低い。「これを作るべきだ」と言っていても、内心では「別にどっちでもいいんだけどな」と思っているから、突き詰めて考えることができません。

つまり、「需要があるだろう」だけでは不十分だということです。「需要はあるだろうが、どれくらいの人にどういったインパクトがあるか」を具体的に考えなくてはいけません。

グノシーで言えば、やろうとしていることが「ユーザーにとってどれくらい重要か」「どれくらいサービスの向上、ダウンロード数やアクティブユーザーの増加にインパクトを与えるか」を考えるということです。

それを見極めるためには数字がいちばんシンプルで確実です。具体的に言えば、ユーザーの滞在時間を上げるためなのか、ログイン頻度を上げるためなのか、あるいはアプリを削除する率を下げるためなのか。私たちのKPI※60に応じた目的を設定し、そのために、どの特徴量をチューニングしたらいいかなどを考えます。

そして実験後に、統計的優位に目的を達成したかを評価します。ユーザーの滞在時間を伸ばすつもりが、想定通りに伸びなかったとしたら、何が当初の仮説とずれていたのかを数字的な指標を使って洗い出していきます。

そうして数字を基準にすることで、何が足りないかは明確になってきます。また、あらゆることを数字で意識することで、一見、数字では測りづらそうなことであっても、測る方法を見つけることができるようになります。

ただしどこまでいっても、ユーザーの操作ストレス度など、数字ではつかみづらいものもあります。しかし、大前提として「数字で見切る」という意識があれば、逆に数字では測れないものが何なのかも見えてきます。「これは数字では測れないけれど重要だ」という補助線を引くことができるわけです。

※60 「Key Performance Indicator（重要業績評価指標）」の略。企業の目標に対する達成度を評価するための主要な指標のこと

数字を見る目を鍛える

数字が大事だとはいえ、いくら数字で見切っても当たり外れはありますし、そもそも「どういう指標に注目すればいいか」というモデリングが間違っていたら、そこで出てくる数字を見ても間違った方向に進んでしまいます。

例えば、「アクティブユーザー数が急激に減った」という問題が起こったとします。数字を正しく見ることができなければ、アクティブユーザー数そのものを見て、ではどうするか、といった考え方になると思います。

しかし、デイリーアクティブユーザー数は「結果指標」として見ることはできても、「原因指標」にはなりません。その推移だけを追いかけていても意味がないわけです。サッカーの試合結果と同じようなものです。「勝った」「負けた」を見ていても、なぜそうなったのかという原因は何も分かりません。

アクティブユーザー数がある時点で急激に下がったら、まずアクティブユーザーにインパクトを与える原因をブレークダウンしていきます。具体的には、記事を選別するアルゴリズムでバグが起こったのかもしれません。あるいは単なる時期的な要因だったという可能性もあります。

例えば、一般的にニュースアプリへのログインは週初めほど多く、週末ほど少ないという傾向があります。それなのに土曜日のデータだけを見て、「アクティブユーザーが減ったから、このアルゴリズムはダメだ」とするのは誤った評価です。

良い意味でも、悪い意味でも、数字は嘘をつきません。とにかく数字で見切る、定量的に考える、そのために正しいモデリングをする。そうしたスキルを徹底的に磨き、できる限り数字で議論する。それが私たちの最大の強みだと思います。

データには「ノイズ」が含まれる

人間の行動や思考がデータに表れる

よく行われる実験法に「A／Bテスト」と呼ばれるものがあります。

例えば、アプリのデザインをAパターンに変更したグループと、Bパターンに変更したグループでは、ユーザーのクリック率はどう変わるかというような、単純な比較実験です。

Aパターンでは1000人のユーザーの内、クリック率が1パーセント上がり、Bパターンでは同じく1000人の内、1パーセント下がったとします。数字を単純に見れば、Aパターンのデザインのほうが良いと思えますが、それが妥当な判断だとは言い切れません。

例えば、Aのデザインでクリック率が1パーセント上がったとしても、実際に増えたクリック数は10程度です。この場合、統計的優位にクリック率が増えたとは言えません。

これに加えて、デザイン以外の要因が、ユーザーのクリック率に関わっているかもしれません。Aのグループと Bのグループでは性別の割合が違った、居住地域にばらつきがあった、あるいはサンプリングを行う時間帯が違った。こうした周辺の特徴を把握せぬまま、「Aが正しかった」と判断して全体に適用するのはリスキーです。

本当に〝効いていた〟特徴はデザインではなかったかもしれないし、もしかしたらどの特徴も効いていなかったのかもしれません。

せいぜい10程度のクリック数の増加であれば、極端に言えば1人の例外的なユーザーがたまたま何度もクリックしていただけ、という可能性もあります。このように平均値が実態を表していないということは往々にしてあります。

データに表れるのは、人々の思考や行動です。そしてロボットとは違う人間の思考や行動は、常に揺れ動いている。数字は純粋なものですが、そこに現実世界からノイズが入ってくることを忘れてはいけません。

失敗を失敗と分かることが大事

実験には失敗が付きものです。大事なのは、失敗しないようにすることではなく、失敗を失敗と分かり、そこから学習することです。よく言われることですが、私たちなりに言い換えると、統計的に考えて「正しい評価」を下すということです。

プロダクトの改善のために「こうしたらいいかもしれない」と仮説を立てるのは人間です。仮説は個人の知識や経験に基づいて生まれます。つまり、主観的です。ただ、結果の評価においては客観的、統計的でなくては、数字を見誤る可能性が高くなります。

先ほど挙げた例のように、たった1人のユーザーの突出した行動が平均値に影響を及ぼしているかもしれません。これを統計学的に言えば「外れ値」

が平均値を上げているということです。では平均値だけでなく「中央値」を取ってみるなど、ある施策によって得たい結果に適した統計量を選択するといったような工夫が必要です。あるいは、ある特定の層に顕著な反応が見られた場合、その特定の層の反応を、より一般的にするにはどうしたらいいのかと考えることも有効です。

そのように統計的に正しい評価を下すことさえできれば、評価に応じて機械に新しい情報を学習させることができます。機械学習の精度が上がるかどうかは、機械の行いを人間が正しく評価できるかどうかに懸かっているのです。正しく評価することの大事さは、どれだけ言っても語り尽くせません。

物事の因果関係を見極める

こうした考え方は、具体的に数字として指標が表れない部分でも大切だと思います。

仮に、ある会社が手当たり次第電話営業をしたら、売り上げが伸びたとします。ではこの方法を続ければ、どんどん成績が伸びていくかと言えば、そうとは限りません。たまたま電話営業をした時期に、顧客側の予算が増えていたという条件が重なっていたとしたら、「電話営業をする」ということが売り上げを伸ばす最適解とは言えないわけです。

当たり前なことのようですが、現実には、こうした見極めができないことから、根拠のない社内ルールが作られることも多いと思います。売上げが落ちてきたら「とにかく電話をかけまくれ！」と指示される。しかし、かけてもかけても売り上げは伸びません。さらに「もっとかけまくれ！」と指示され、みんな疲弊していく。

一時期、多くの日本企業が急激に成長しました。その中で「日本型経営」と呼ばれるような経営方法が確立したのだと思います。誤解を恐れずに言えば、そこにあまり意味はないのだと思います。経営メソッドが正しかったのではなく、単に人口ボーナスの影響が大きかっただけなのかもしれません。

もちろん、間違っている所もあれば、正しい部分もあるはずです。しかし「あの頃はよかったから」という理由で、意味のない習慣だけが残る。いま、日本は間違いなくその習慣に苦しめられているように思います。

ある目的のために、ある方法を試した。その目的が果たされた。この二つに因果関係があるかどうかは、結果にどんなノイズが含まれているのかを的確につかまないと分かりません。たまたま外部環境がよかったから成功したのか。あるいは逆に、たまたま外部環境が悪かったから失敗したのか。前者なら同様に好ましい外部環境を探す。後者なら外部環境に左右されない普遍化できる要素を見出す。それが「知識を使う」ということです。間違ったデータに注目して結果を読み違えるのは「習慣」に過ぎません。

「データ主義」とは、データを盲信するということではありません。「データにはノイズが含まれる」という前提で、どこにどんなノイズがあるかを考え、なるべく純度の高い部分だけを掬《すく》い上げるようにすること。そうした数字の見方のテクニックを磨くことなのです。

「ゴール」に向かって走りながら考える

理想の将来像を描く

手数を多く打つ、振り返りながら積み上げていく、正しい意思決定をする。その道しるべとなるのは、適切な「ゴール」です。

まず、設定するべきゴールは、やはり世の中の流れと不可分です。これだけスマートフォンが普及している中で、「いや、もう一度すべての家に固定電話を普及させる」と考えれば、どれだけがんばってもビジネス的な成功を収めることは難しいでしょう。

世の中には、抗《あらが》いがたい大きな流れがあります。「はみ出してはいけない大枠」があり、その中で自分のやりたいことをやっていく。事業として続けていきたいのであれば、こうした発想が絶対的に必要です。

「ゴール」といっても、そこにたどり着けば終わりというわけではありません。言い換えれば、「理想の将来像」です。

Gunosyにとってのゴールは、「テクノロジーが世の中を変えていく過程にコミットしていくこと」です。その理想を理想のままで終わらせないためには、ゴールまでの道のりをきちんと描かなくてはいけません。遠いゴールを見ているだけでは、人は今日何をすべきかが見えなくなってしまいます。

長期的なゴールを中期的目標へ、中期的目標を短期的なマイルストーン[※61]へ、そしてマイルストーンを「今日、何をすべきか」までブレークダウンしていかなければ、着実にゴールに近づいていくことはできません。

これから世の中を大きく変えていくであろう「機械学習×何か」の世界では、現在、ニュースや広告の分野の競争がとても激しくなっています。ただし、5年後を考えると、機械学習が生きる領域が変わる可能性があります。であれば、別分野も探索していかなければいけません。それに、ブロックチェー

※61
元は道路に1マイルごとに置かれている標石を指す言葉。転じて、主にビジネスシーンで物事や作業の進捗を管理するための節目や到達点といった意味

ンのように新しいテクノロジーが大きく進化していくことも考えていなければいけません。

逆説的なようですが、そのためにはメディアの分野で大きなポジションを取り続けていなければ、新しい展開をするだけのキャッシュも技術も育ちません。そこからの逆算で、「3年後には、これくらいのニュースアプリになっていなくてはいけない」「こういうメディア群を揃えていなくてはいけない」という当面の目標があります。

そのためには、日々ユーザーを増やし、満足度を上げるためにプロダクトを改良していく必要がある。毎日の取り組みは、目標に向けた過程を細分化したものになるわけです。

可能性を狭めないゴールを

私たちが目指す「テクノロジーが世の中を変えていく過程にコミットしていくこと」というゴールが、抽象的に思える人もいるかもしれません。

しかし、第1章で「ドラえもん」を例にお話ししたように、テクノロジーの進化は、いきなり完成形を作ろうとして始まるわけではありません。現時点で、5年先、10年先にどんな可能性があるかを完璧に見極めることなどできません。それを分かるという人のほうが信頼できないと思います。

それに、具体的なゴールを決めることで、その過程にあるほかの可能性を見失う危険もあります。例えば英語のニュースを翻訳配信するアプリを作ることをゴールに設定したとします。そうなると、事業の意思決定はすべてそちらを向いたものになります。もしかしたら英語どころかすべての言語を翻訳するアプリが作れたかもしれないのに、その可能性を無視してしまうわけです。

また、ゴールが具体的であればあるほど、その道のりが閉ざされたときにほかの道を考えることができません。自分たちがゴールに到達する前に、ほかの会社が翻訳配信のアプリを作ったとしたらどうすればいいのか。さらに言えば、仮に思った通りのゴールにたどり着いたとしても、その先が見えていなければ、どこに進めばいいか分かりません。

そうした意味で、ゴールを定義付けるとするならば広い枠のものになるわけです。具体的に目指すものは、そのゴールに近づくための目標やマイルストーンとして考えるべきです。自分たちの可能性を狭めない、むしろ広げていくためのゴール設定が大切なのです。

目標はどれだけブレてもいい

ただし、広い枠でゴールを考えることは必要ですが、その大枠は絶対にブレてはいけません。というよりは、自分たちの中で絶対に揺るがないものをゴールとすべきです。ゴールが不確かなものであれば、日々の意思決定の基準となるものがなくなってしまいます。

一方で、そこに至る道のりにある中期的目標やマイルストーンは、世の中の流れの変化に応じて、どんどんアジャスト[※62]していけばいい。

危険なのは、「目標を決めてから始める」「行程が見えてから走り出す」という発想です。そうした人は完璧を求めているわけです。スタートとゴール

※62 臨機応変に調整すること

がはっきり決まっていて、その通り道まで事前に、完璧に分かっていないといけない。しかし、そんなことは誰にもできません。

スタートの段階で決めている「行程」など、大したことではありません。後になって振り返ってみたとき、個別具体的に見れば間違っていることはたくさんあるはずです。

周りに間違っていると言われようが、自分の意見がどんどん変わろうが、問題ありません。一貫性を大事にするといった価値観もありますが、最短距離でゴールに近づける方法にこだわるほうが正解です。「考え切ってから走り出す」のではなく、「走りながら考える」のです。

不確実性の高い社会とは、人々のニーズが多様化している社会です。それはビジネスをする側からすれば、得られる事前情報が少なく、意思決定が難しいということでもあります。

そういう状況では、ひとまず走り出してみなくては、何も確信を持って決めることはできません。１００パーセント確信が持てるまで判断材料を揃えるのは不可能です。

走り出して初めて情報が集まり出します。そして情報が集まれば集まるほど、戦略眼の精度が上がっていきます。ゴールに近づく重要な一歩だと考えていた目標を設定し直すこともあるでしょう。とにかく走り出し、そこで見えてくる間違いを一つひとつ正解へとひっくり返していくしか方法はないのです。

この不確実性の高い世の中で、どんな目標を描き、どう戦えばいいのか。正解を求めて考えるほどに足が止まってしまいます。ならば走りながら、情報を集めながら戦い方を考えていけばいい。起業家だろうと会社員だろうと、この点に違いはないと思います。

圧倒的なスピードを生む組織

チームの垣根なく連携する

Gunosyでは事業別、機能別に合計7つのチームがあり[※63]、それぞれのトップには「プロダクトオーナー」がいます。事業別というのは「グノシー」「ニュースパス」「LUCRA（ルクラ）」あるいは「ブロックチェーン」などに分かれたチームで、これとは別にデータ分析、インフラ、マーケティングなどと、機能別に分かれたチームが設けられています。

社員たちは、事業別チームと機能別チームとに振り分けられているわけではなく、たいていは両方の掛け持ちです。イメージとしては横軸と縦軸の「網目状の組織」です。

※63 2018年8月時点

効率的に課題を解決できる網目状の組織

縦軸：**事業別**、横軸：**機能別**でのチーム（イメージ）

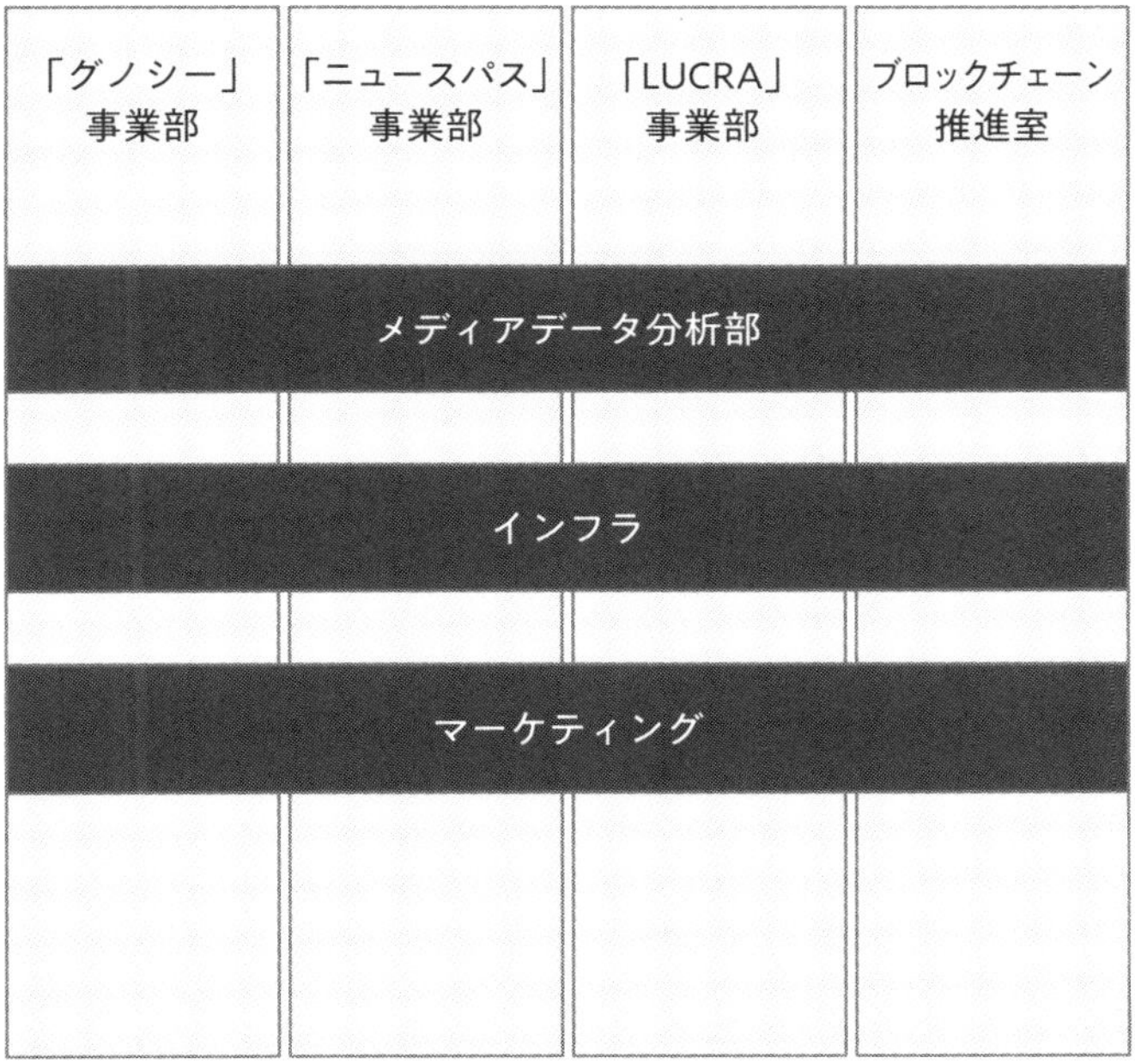

※各プロダクトごとにプロダクトオーナー（PO）が存在
※コーポレートなどの管理部門は別途
※2018年8月時点の組織構造

基本的には各プロダクトで生じる課題はプロダクトチームで解決するのが効率的です。しかし、プロダクトを横断するような機能的な課題、例えば共有のアルゴリズムに関する課題が生じた際は、機能別で連携したほうがいい場合もあります。そうした共有、検証がスムーズかつ有効にできるための組織編制です。

あるチームで行われた実験が、ほかのチームの課題の解決にも役立ったり、チームの垣根を超えて「こういうことをやってみてはどうか」と提案できたりする体制のほうが、会社全体の生産性は上がります。チームは分かれていても一つの会社なのですから、チームごとのセクショナリズムには意味がありません。

各社員の仕事は、その日、週、四半期、年という単位で優先度が決められています。何かしらの異常が起きた場合、プロダクトオーナーが仕事の優先度を入れ替えます。常に予想外のことは起こるので、予め決められた計画を実行するということだけでなく、柔軟に、その瞬間瞬間の優先度を判断していくことがとても重要です。

そのためには、コミュニケーションの速さも大切です。Gunosyでは、チャットを使ってそれぞれの社員が報告や相談をしています。会話でもいいのですが、ログが残らないので、「言った、言わない」の話になってしまいます。逆に面倒なのではと思う人もいるかもしれませんが、実際に非効率だと感じることはありません。SNSなどで、誰もが速い情報の流れに慣れています。人間の脳がそれに対応するようになっているのだと思います。

実験したらすぐに検証・共有

Gunosyでは、実験の結果はすぐに共有し、検証することを徹底しています。社員たちが自然とそのように行動する仕組みを作り、社内に速い決断と速い振り返りを行き渡らせています。

従来の企業では、月ごと、半年ごとといったスパンで業績に関する数字を追いかけていたと思います。業界にもよると思いますが、変化が速く、激しい時代に、それでは不十分です。

いちいちチェックしている時間はないという人もいるかもしれませんが、これだけIT化が進んでいるいま、その仕組みを作ることは簡単です。自動的にデータが通知されるシステムをゼロから設計するのは大変ですが、私たちはオープンソースやクラウドサービスを使っています。仕組み作りのコストはほとんどかかっていません。ダッシュボード[※64]などのコミュニケーションツールを通じて、社員全員がチェックできるようにしています。

ダッシュボードには実験結果のみならず、経路ごとの新規ユーザー数や継続率、行動指標、配信された動画の閲覧ユーザー数、どういった層に見られているか、動画の視聴完了率など、さまざまなデータが随時アップされています。

もちろん、集められるだけのデータを集めればいいというわけではありません。何をどれだけ追いかけるか、いかに追いかける意味のある単位にまで細かくするかが重要です。

Gunosyの場合、デイリーアクティブユーザー数や、記事のクリック数、継続率やユーザー当たりの収益性、ユーザーの獲得単価などといった基本的な

※64
業績や経営に関するさまざまな情報が可視化されるツール。Gunosyでは誰もがその情報を自分のパソコンから自由に閲覧することができる

データは、社内チャットサービスで全社員に自動的に通知されます。また、より細かいKPIを見たいときは、ダッシュボードのサービスですぐに確認できます。

ダッシュボードを時系列的に見ると、例えばプッシュ通知を打った後にデイリーアクティブユーザー数を過去傾向と比べることで、そのプッシュ通知にどれくらいの効果があったのかが分かります。もしデイリーアクティブユーザー数が減ったのであれば、そのプッシュ通知のアルゴリズムを見直さなければいけません。

後れを取らないためには、素早い振り返りが必要です。記事のクリック率を上げるための実験を行ったのであれば、初速の1時間で筋が良さそうか悪そうかは分かります。最近では動画配信も始めましたが、閲覧したユーザー数や、その中の何人がどんなタイミングで離脱したかなどといった数字が常時報告されてきます。これらも配信直後にチェックしなければ後手に回る可能性が高いものです。

加えて、何か気になることがあったら、従来とは違うKPIを扱うダッシュボードを簡単に作ることもできますし、エンジニアに限らず、社員ほぼ全員がSQL※65でクエリを書くことができます。

このように、データやKPIが誰でも簡単に確認できるようになっていきます。そこで得られた知見やノウハウは、ダッシュボードを通して社内に共有され、蓄積されていくのです。

情報は全社員で共有すべきもの

社員たちは、日々、ダッシュボードに上がってくるデータに触れることで、さまざまな数字に敏感になり、定量的に一つひとつの要素の良しあしを判断するクセを身に付けていきます。

もちろん、定性的な視点が必要なこともあります。定量的、定性的の両方の視点をもって効率的に考えるためにも、定量的な分析にかかる労力は極力減らしたほうがいい。データが自動的に通知されるようにしたのは、その社内的労力を減らすためでもあります。

※65
ここでの〝クエリ〟は「問い合わせ」の意。Gunosyの社員の多くは〝SQL〟という操作言語を用いてデータベースに問い合わせ、目的のデータを引き出すことができる

社員は日々の業務の中で課題を見つけたら、改善の実験を提案することができます。その実験の結果も全社員に共有されます。

改善策も、その検証も母数が多ければ多いほど、より質の高いものになっていかなければいけません。大事な情報を、一般社員に対して伏せている企業も多いと思いますが、「正確な情報を元に、より良いプロダクトを作っていくこと」を社員の役割とすれば、見られない情報があるのはナンセンスと言うべきでしょう。それではどうやって改善提案すればいいのか分かりません。

情報漏洩《ろうえい》などの問題があるという考え方もありますが、それは別のバリケードを設ければいいだけの話です。自分たちで数字を見て、より良い改善をしようとする人たちに、情報を伏せることの必然性はどこにもありません。

たくさん失敗する人がえらい

いつでも自由に改善提案ができる

この不確実性の高い社会で何かを試せば、当然、失敗する可能性は高くなります。そもそも失敗しないことを目指すほうが無謀というものです。

その最たるものが起業家だと思います。10個の事業を試したら、そのうち9個は失敗するのが当たり前。破産するほどの失敗をしてしまうわけにはいきませんが、事業の採算性が上がらないという程度の失敗は、どんな起業家も数多く経験しているはずです。

10個試して1個成功すれば、その1個だけで、ほかの9個の採算性を補えるというのがビジネスの実情だと思います。失敗したから「これはだめだ」

と分かる、あるいは「次はここを改善すればいい」と考えられる。このプロセスを繰り返すことで正解にたどり着ける。そういう人こそが、不確実性の高い社会における「優秀な人」です。

まったく同じロジックで、Gunosyでも、「たくさん失敗する人」が評価されます。たくさん失敗するということは、たくさん実験しているということ、ひいてはたくさん学習しているということだからです。

実験の提案は、「KPT」という単純なフレームワークの中で行われます。これは「keep／problem／try」の略で、「keep＝いままでやってきたことで、これからも続けたいこと」「problem＝解決すべき問題だと思ったこと」「try＝実験したいこと」という意味です。

提案はとてもシンプルで、例えば、「世の中のトレンド的にフラットデザイン[※66]が流行ってきている。だからインターフェイス[※67]のデザインを変えてみたい」といったようなことです。

どの実験を、どういう優先順位で、どのスプリント[※68]で、どれくらいのサンプル数で行うかなどは、チーム内で議論し、最終的にはプロダクトオーナー

※66 余分な要素を排除して立体感を生み出す細かい加工を施すことで、対象物が抽象化されるシンプルなデザイン

※67 ここではユーザーが使うアプリの画面を指す

※68 「開発期間」

が決定します。プロダクトオーナーの頭には、関連する数字がすべて入っていますし、先ほど述べた通り、実際の効果は分からなくてもリスクは読めます。となれば、欲しい結果を得るために、取れるリスクの範囲内で実験を行えばいいわけです。

チームは週に一度「ＫＰＴ」を共有しますが、その場に限らず、メンバーはいつでも実験を提案できます。上から指示された仕事をきちんとこなした上で、自由に、積極的に提案する。それがうまい人ほど、成果を出す傾向があります。

そうとは言っても、プロダクトオーナーや社員たちだけの意見で決まるわけではありません。経営陣が何を重視しているか、どんな優先順位の付け方をするか、どういう判断基準を持っているかといった基本的な物の見方、考え方を日頃から共有するために、経営陣とプロダクトオーナーの「１on１」を隔週で設定しています。そのことで、会社全体のベクトルを合わせながら、個人の能力や自発性を抑えつけない組織をつくっています。

課題をチーム内で共有し、どうするかを議論し、決めていく。こういう体制で起こる失敗はサッカーの試合でシュートを外すことと同じです。

１人の選手がシュートを打ったということは、そこまでボールを繋いだ人たちがいるということです。つまり、チーム全体でそこに可能性を感じているからシュートという結果があるわけです。それと同様、１人の社員が実験をしたのも、チームが可能性を感じたからです。外したからといって、個人の責任ではありません。

「ナイストライ！」を会社の文化に

Gunosyでは、失敗した社員を責めることはしません。それどころか、「ナイストライ！」です。これはとても気をつけていることです。失敗したら怒って、成功したら褒めるということはあまりに単純です。その結果尖った提案が全然出てこないということに陥ってしまいます。

もちろん社員の最終的な評価基準は成果ですが、成果に結び付いているのは、実験と失敗の学習の総量です。よほど考えが足りない人でなければ、実験を振り返ることで失敗から学び、同じような失敗は繰り返さないはずです。成果を出している人ほど、失敗を振り返って学習するというプロセスを多く踏んでいるのです。

特にソフトウェアはリリースした後の改善が肝心ですから、社員たちの間で「トライ&エラー」を繰り返すことにインセンティブが働くようにする必要があります。たくさん実験し、たくさん失敗し、たくさん学習することを良しとする。そうした会社の姿勢を示すことで、「ナイストライ文化」を行き渡らせています。

その一方で、数多く実験をしていても検証を行わず、同じ失敗を繰り返す人は叱ります。失敗を多くすることは大事ですが、失敗をするための会社のリソース※69は有限です。失敗を検証しない、失敗から学習しない、だから同じ失敗を繰り返す。これは、リソースの無駄遣いにほかなりません。

逆に言えば、振り返りをすることはとてもコストパフォーマンスがいい。なぜなら、振り返りを共有することで個人のみならず社内にノウハウが蓄積さ

※69「経営資源」

れ、より効率よくリソースを使えるようになるからです。

リソースの無駄をなくすために、ダッシュボード上で、どういう実験を行い、どういう結果が出たかを報告するフォーマットが設定されています。ダッシュボードは全社員で共有されているため、フォーマットが埋まっていなければ、実験は行われたのに検証がなされていないことが誰の目にも明らかです。

上層部からは叱られますし、その実験を行った社員の次の提案は、おのずと通りづらくなります。新しい提案をする前に、前の実験を振り返らなくてはいけないという周囲からのガバナンスが働くわけです。

会社の方針を全社員に行き渡らせる

自分が見ている「景色」を共有する

私たち経営陣がどれだけしっかりとビジネスの展開を考えていても、それが社員に伝わらなければ組織は動きません。自分では明確な意図を持って進んでいると考えていても、周囲の目には一貫性のないように映ることがあります。そこは言葉を尽くして説明する努力が必要です。

第3章で自分の意見を通したいならしっかりと説明できなければいけないと述べましたが、会社全体の意識を統一するためにも、自分の考えを伝えることは必要です。

「自分はこういうゴールを思い描いていて、そこに近づくために、この決断をした。だからこういうことをやっていく必要がある」と、目指すゴールは決してブレていないこと、この意思決定も最短でゴールにたどり着くためであることを説明するのも経営者の仕事です。

グノシーを作って、「じゃあ次はニュースパスをやります」と伝えるのと、「これからはメディアで大きくポジションを広げていきたい。そのためにアプリのポータル化を目指す。ゆくゆくは女性向けやゲームに関するようなこともしていきたいけれど、まずは規模が大きい順にやることが大事だ。だから広く訴求できるサービスから展開する」と伝えるのでは、社員たちの受け取り方は大きく違うはずです。

私の意図が100パーセント社員に伝わっているのかというと確信できない部分もありますが、毎日の「朝会」や「夕会」、年度末の締め会など、折に触れて話すようにしています。

最終的に到達したいゴールがあり、ゴールに近づくための目標がある。さらには、その目標を達成するためのマイルストーンがある。そんな自分が見ている「景色」を、社員にも見てもらって、ベクトルを合わせていかなければならないのだと思います。

3種類の「社内MVP」制度

Gunosyには、半年に一度、社員同士の評価によってMVPを決める制度があります。

MVPは、プロダクトや社内業務の改善を多く成した人に贈られる「Gunosy Best カイゼン Award」、数字に基づく議論に優れていた人に贈られる「Gunosy Best コミュニケーション Award」、そして最もチャレンジした人に贈られる「Gunosy Best チャレンジ Award」の3種類です。

受賞者には金一封が贈られ、社員にとってのインセンティブになります。また投票用紙には「感謝のメッセージ」を記すことになっています。記名が義務ではないのですが、「こういう理由で選んだ」「あのとき助けてくれたから」というようなメッセージが本人に届きます。

これはＭＶＰだけでなく、投票された人すべてです。やはり普段伝わらない気持ちをメッセージで受け取るのは嬉しいものだと思います。そうした意味でもインセンティブになっていると思います。

３種類のＭＶＰは、私たちが大事にしているものは何かという視点から、経営陣で話し合って決めました。思い浮かぶものは多くありましたが、「Gunosyらしい評価基準」は何かを考えていったら、自然と先ほどの３つに落ち着きました。

私たちは、たまに〝ドカン〟と大きく成果が上がるよりも、１パーセントの改善の継続が見られているときのほうが盛り上がります。だから「Best成果Award」ではなく、「Bestカイゼン Award」としました。

「Bestコミュニケーション Award」には、常に数字という根拠で周囲を説得できる人を評価したいという意図、「Bestチャレンジ Award」には、実験と失敗と学習をたくさん積み重ねている人を評価したいという思いが込められています。

３種類のＭＶＰは、「会社として、こういう人を評価しますよ」という全社向けのメッセージです。自然と社員の間には「コツコツ改善しよう」「数字で話せるようにしよう」「どんなことでもチャレンジしよう」という発想が広がっていきます。結果として、会社の方針が全社に行き渡っていきます。

ＭＶＰの選出は社員間の投票によって行われ、その結果を経営陣が検討、承認するという形式にしています。とはいえ、投票結果は経営陣からしても納得できるものばかりです。経営陣の検討段階で覆したことはいまのところ一度もありません。それに、限られた人たちだけが、いつも受賞するということもありません。みんなが切磋琢磨《せっさたくま》してくれていることの表れだと思います。

第 5 章

「エンジニア的人材」になる

「エンジニア」が求められる時代

経営者が「エンジニア」であることの意味

求められる経営者像は、時代によって変化してきました。かつては立身出世型で、ぐいぐい人を引っ張っていく経営者が活躍する時代が長くあり、後には、外部からやってきて鮮やかな経営手腕を発揮する「プロ経営者」の時代がありました。

それではこれからの経営者に何が必要かと言えば、「テクノロジー×事業」という視点をもって事業を興す発想です。経営者自身が、テクノロジーをよく理解し、事業的な成果が見込めるところにテクノロジーを適切に組み込むことです。

Gunosyを事業化した頃、私たちは、経営のことは何も知らないに等しい素人経営者でした。いまでも自分たちが特に優れた経営者だとは思っていません。しかし、「プロ経営者」には、きっとGunosyのような会社は作れなかったと思います。

グーグルもフェイスブックも、プロ経営者がつくった会社でなければ、その経営もプロ経営者が行っているわけではありません。経営能力という概念そのものが、変化してきているのだと思います。

日本では「エンジニア」が育たない

もちろん、経営者のみならず、テクノロジーの担い手にも、ソリューション思考[※70]が求められています。

その点で、日本の企業は根深い構造的問題を抱えていると思います。ひと言で言えば、「スペシャリスト」はいても、「エンジニア」がいない。

「テクノロジーを理解していること」と、「エンジニアリングができること」

※70 企業が抱えている問題を解決しようとする考え方

は同義ではありません。エンジニアリングとは、テクノロジーのスキルを用いて問題を解決すること。エンジニアとは、自ら課題を見つけ、自分のスキルを使って問題解決できる人を指します。

一方、スペシャリストとは日々スキルを磨き、外から与えられた課題を解く人です。かつてないほどテクノロジーのプレゼンスが大きくなっているいま、テクノロジーの担い手である「スペシャリスト」は事業の重要なリソースです。

ただし、「スペシャリスト」がやりたいことと、事業的な成果が上がることは、必ずしも一致しません。もし、自分のスキルと事業を的確にリンクできるスペシャリストが多くいたなら、すでに、テクノロジーを駆使したプロダクトが日本から大量に生まれていたはずです。

日本のスペシャリストの能力が低いということではありません。自分で見つけた課題を解決した経験を持ったスペシャリストが少ないことが問題なのです。

ソフトウェア業界における日本の完全なる敗北の最大の要因は、エンジニアの育成を怠ってきたことにあると思います。課題発見と解決のチャンスをスペシャリストに与えてこなかった。だから優秀なスペシャリストが数多くいるにもかかわらず、優れたエンジニアが育たないのです。

エンジニアを事業に的確に組み込むことで、本人もやりたいことができて、成長し、評価される。そして事業も伸びていく。そうした状況が会社にとっての幸せなのではないでしょうか。

課題の発見から解決までを考える

何度もお話ししているように、いまは何事もスピーディーに進む時代です。世の中の至るところで、既存のさまざまな価値が、あっという間に新しい価値に取って代わられています。

その中で、組織が「課題を見つける人」と「テクノロジーを理解している人」とに分かれて構成されているというのは、致命的な「遅さ」を生み出します。

グーグルやアマゾン、フェイスブックなどの世界的ソフトウェア企業では、マネージャーのポストの多くにエンジニアが就いています。その下にいる部下たちも、やはりエンジニアが中心です。

「どこを見てもエンジニアしかいない」という構造は、すべてにおいて話が早い。これらの企業が、検索、EC[※71]サイト、SNSという分野で世界的なポジションを取ることができたのは、誰もが自分で課題を見つけて解決できるという組織構造的な強みがあったことも大きいと思います。作る人と問題解決をする人が一緒になっていることのメリットは、どれだけ口にしても足りません。

Gunosyが、たくさん実験し、失敗し、学習している人を評価するのも、優れたエンジニアに育ってほしいからです。チームの長であるプロダクトオーナーも、ほとんどがエンジニア出身のキャリアです。各プロダクトを改善する権利はチームにあるため、プロダクトオーナーを始め、チームのメンバーたちは、自分で課題を見つけ、解決する方法を提案することを求められます。

実験の提案、実行、検証、判断という流れをすべてチーム内で一貫して行

※71 「Electronic Commerce Site」。インターネット上で商品を販売するウェブサイトを指す

うことで、実験に対する目的や評価軸の食い違いが起こりづらくなり、プロダクトの改善が、より効率的に行われていきます。

私たちには、自分たちがエンジニア集団であるという自負があります。Gunosyは、紛れもなくエンジニアの力によって成長してきた会社です。徹底したデータ主義、統計主義のもとで、人材の採用と育成も非常にうまくいっていると思います。自分たちがどうだと言いたいわけではありませんが、今後、こうした企業が増えることで、世界的に活躍できるエンジニアが育つことを強く望みます。

エンジニア的思考が人生を豊かにする

どんな業界でも「エンジニア的人材」が必要

エンジニア的人材が求められているのは、ＩＴ企業に限った話でも起業家に限った話でもありません。職業の区別なく、私たち個人が現代を生き抜くためのあるべき姿が、「エンジニア的人材」になることだと思います。

課題を発見して解決するという点で見れば、営業職の人が新規開拓をするために営業トークを磨くことと、ＩＴのエンジニアがシステムを改良するためにプログラミング技術を磨くことは同じです。どのような仕事であっても、人から課題を与えられる人材より、自ら課題を見つける人材のほうが、成功できる可能性は高くなります。

加えて、いまの時代に求められる人材を、あえて「エンジニア的」と呼んでいることには、もう一つ理由があります。それは、これからはどの職業もテクノロジー抜きには考えられないからです。

テクノロジーを使って自分のスキルを磨き、問題解決に役立てる。もしくは、自分の仕事がテクノロジーに置き換えられることを前提に、「では、これから自分はどういうスキルを磨いていけばいいのか」を考える。それがエンジニア的人材です。

いままでは個人の能力やセンスによるところが大きかった技術の多くは、遅かれ早かれ、テクノロジーに取って代わられます。言い換えれば、コピー可能で、誰もが同じようにできるようになる。

たとえ百戦錬磨《れんま》のプロ棋士に将棋を教わっても、センスがない人は強くなれません。しかし、プロ棋士に勝つＡＩのプログラムは、いくらでもコピーできるのです。

専門性は機械の得意分野

将棋プログラムと同じことが、例えば医療の世界で起こったらどうなるでしょうか。

現在、医療的な知識や技術は1人ひとりの医師のものです。いわば「知識の扉が閉じている」わけですが、テクノロジーの進化によって高性能な医療ロボットが登場したら、知識や技術のレベルとしては世界最高峰の医療を、あらゆる病院が保有できるようになります。

なぜ世界中に大学が作られるようになったのか。それは専門性を育てる必要があったからです。医者に限らず、どんな分野でも、その世界特有の知識や技術を学ぶことで、職業的能力が高められる。その総体として、社会全体が豊かになっていきます。

専門性を育てるということの前提は、その世界での競争ルールが大きく変わらないことです。医師の診断や治療の方法は、基本的に大きく変わりません。だからこそ、長い期間同じ仕事を続けることで、競争力を高めることができるわけです。

大きなルールが変わらないということは、機械から見ればとても覚えやすいということです。知識の扉が閉じている分野こそ、機械化が進みやすいとも言えます。

ただ、それは医師の仕事がなくなることとイコールではありません。これからの医師に求められるのは、高レベルな医療知識や治療技術ではなく、患者の心に寄り添えるコミュニケーション能力かもしれません。そしてそれを磨くことによって、患者も、医者も、いままでになかった新しい喜びを得ることができるはずです。

どんな仕事でも、これから何層にもわたって機械で自動化されます。その前提で、「ではそこに、自分は何を上乗せしたらいいのか」を考える必要がある。そうした姿勢を持つことが、本当の意味で自分を生かすことになり、自分の人生を豊かにしていくのだと思います。

スキル主義の世界を飛び出す

新しい価値の担い手であるためには、「目の前の勉強をがんばればいい」「スキルを磨いていればいい」という発想が足を引っ張ります。いくらテスト勉強をがんばっても、機械は簡単に100点満点を取ります。どれだけ仕事のスキルを高めても、少なからず機械が人間の領分を奪っていきます。

いままでは、教育現場も社会も、100点を取れる人を育てることに注力してきました。テストは人から与えられた問題を解くものであり、社会に出てからも、決められた枠の中で生産性を高めていくことができる人が優秀だとされていたわけです。

大学受験のための勉強を否定するわけではありませんが、正解を暗記させるだけの教育では、イノベーションを起こすような発想力や独創性は育ちません。学校も企業も少しずつ変わってきてはいるようですが、本当に必要な能力を育てる教育が実装されるのも、課題解決のプロセスが起業で評価されるようになるのも、まだまだ先だと思います。

そうであるならば、自分で自分を変えるしかありません。少なくともいまのシステムの中に、本当に自分が身に付けるべきスキルがあるのかと疑い、そこから飛び出せる。そういう人たちだけが、生き残っていくことができる時代になっているのです。

分からないからやる。だから面白い

触れる情報の幅を広げる

「自分を変える」というと、とても大変なことのように聞こえます。「とりあえず普通に生活できれば……」という人も多いと思います。

何か大きなチャレンジをしたり、自分を根本から変えたりしなければいけないわけではないと思います。ただ、本章でお話ししているような意識を持つことは、必ずどこかで生きてくるはずです。

やり方はいろいろとあると思いますが、簡単に始められるのは、触れる情報の質を変えることです。

自分の興味のある情報や、仕事に関係のある情報は放っておいても集まります。意識的に、それ以外の情報にも触れるようにする。新しい発見もあるでしょうし、自分の視野を広げていくことができます。

ただ、手当たり次第に情報を集めるのではなく、最先端の情報に触れることが大事です。現代は情報が溢れている分、質の低い情報や間違った情報もたくさんあります。価値のある情報を集めるためには、その業界のフロントランナーから得ることが最も確実です。そうした情報は英語や中国語で発信されていることが多いですが、幸いいまでは、グーグル翻訳を使って英語や中国語の情報は理解できるようになっています。

しかも、優秀な人たちが国境を超えてＳＮＳで繋がっています。自分がフォローしている人と繋がっている人たちをたどっていくだけでも、触れる情報の質や量は高まっていくはずです。

最初は小さなことからでいいと思います。興味のなかった分野の本を読んでみたり、週末に仕事とは違う集まりに参加してみたり、常に違う視点や意識を持つことから始まるのだと思います。

あまり意識し過ぎるのもよくないのかもしれません。私はインプットした情報はいったん忘れてしまっています。「知ったからには役立てなくては」と思うと、情報を集めること自体が重荷になってしまいます。「必要になれば思い出すだろう」くらいの考え方のほうが、気負いなく、より多くの情報に触れられるのだと思います。

挑戦する人の取り分が大きい時代

どんなことでも、「やってみる」ことから始まります。その中で、実験しては失敗し、学習するということを繰り返すのは大変に思えるかもしれませんが、「分からないからやる。だから面白いんだ」と転換できれば、挑戦は苦ではなくなります。

現代の社会では、一つの課題に対して答えが出たら、あっという間に普及します。最初にiPhoneを作ることが難しくても、出来上がったものが目の前にあれば、さまざまな方法で同じものを作ることはできます。答えが出た後の「やり方」は誰にでも考えられるわけです。

つまり、誰かによって出された答えが、万人に応用可能なものとして広がりやすい。そのように世の中の仕組みが整っています。だからこそ、「まだ誰も挑んでいない課題」に挑めるというところに、面白さがあるのではないでしょうか。

加えて、あらゆる面で、「やってみる」ことができる人の取り分が大きい時代です。金銭も、チャンスも、人脈も、やりがいも、動いた人のもとに多く集まります。

それは私の実感でもあります。「やってみる」ことができたから、自分がやりたいことを通じて社会に便益を与えていると実感できるし、大きなインセンティブを得ることもできます。数多くの素晴らしい人たちとも繋がることができました。

そうとはいえ、最初からリスクを好んで取れるような人間だったわけではありません。むしろ、「危ないことなんてしたくない」と考えていました。一度やってみて面白かったという経験ができたことで、そこからはリスクを恐れず、いろいろなことに挑戦できるようになりました。

世の中で求められるものが何かが分かりやすかった時代を経て、いま、人間の仕事の価値は「世の中に何を提供できるかを考える」という部分に集約されていると思います。それを裏から見れば、可能性は大きく広がっているということです。そのチャンスを拾うためには、トライが必要だ。そうしたマインドセットで飛び込んで行けば、必ずいいことがあるはずです。

やってみる。失敗する。学ぶ。またやってみる

やってみればそんなに怖くない

メディアのインタビューなどでは飾った言葉を使っていますが、そもそもなぜグノシーを作ったかと言えば、最初は「ノリ」でした。「欲しい情報を集めるのってダルいよね」「機械学習を使えば、情報を最適に届けられるんじゃない?」「じゃあ、ちょっと作ってみようか」

友人同士の何気ない会話から、グノシーの開発は始まりました。その根底には「社会的意義のあるものを」という意識もありましたが、最初の動機は本当に軽いものだったのです。

そうした経験も含め、これから独立したい、新しいことを始めたいといったことを考えている人には、「とにかく、やってみましょう」とお伝えしたいと思います。

新しいことを始めるのは楽しい反面、怖いものでもあります。私も不安を感じながらのスタートでしたが、いま振り返ってみた実感としては、「そんなに怖いものじゃなかったな」です。始める前は心配していても、実際にやってみると意外とすんなりといったということは、誰もが経験したことがあるのではないでしょうか。

もちろん相応のリスクを取らなくてはいけませんし、やってみたことがすべてうまくいくということはあり得ません。だけどそれでいい。人間も機械も、多様なエラーによってどんどん成長していくのです。

人間、たいていのことは訓練すればできるようになります。まずはやってみる。失敗する。学ぶ。またやってみる。それを繰り返しているうちに自然とできるようになります。まだ実感がなくても、いま始めれば、必ずいつか大きなものを得ることができる。それは確信を持って言えます。

誰もが起業すべきだというわけではありません。社会的課題を解決することに高い価値を見出すのがいまの世の中なら、企業もまた、そういう人材の発想を生かせるようでなくては業績を伸ばせません。組織の中にあっても、実験を続けられる人が成功できる。そういう社会の流れの中で生きているということを、自覚しなければいけないのです。

明確な意志を持った目標を

前章でゴールをいかに設定するかをお話ししましたが、その大切さは個人にとっても同じです。

いい大学に入って、いい企業に就職して、出世する。そういう人生設計が意味をなさなくなっているということは、ずいぶん前から言われてきました。では何を目指せばいいのか。いい大学やいい企業というのは、人を序列化したゴールです。本当の意味で自分の価値を左右するのは、「意志のあるゴール」です。

確実な目標がある場合は、そこへたどり着く方法も簡単に設定できます。例えば受験勉強で偏差値を上げないといけない。そのための方法はある意味でとても分かりやすいわけです。今日は何時から何時まで数学の勉強をする。そこでは、目標設定よりも計画力が重要です。

いま必要とされる目標設定には、すごく遠くを見て、「自分はこうなりたい」という意志を持つことがまず大事です。確固たる意志がなければ、目標は「みんなと同じ」になってしまいます。お金持ちになりたい、いい大学に入りたい。そうして序列化されていく。

そうではなく、意志のある目標を持ち、そこに至るまでの道のりの、どこまでが見えていて、どこからが見えていないのかを見極める。そして見えない部分を怖がらずに走り出し、修正を重ねていく。そんな生き方が、いま求められています。

昔と比べて、いまはたいていのことにはチャレンジできます。だからこそ、自分がどこに進むのかを自分で決めなければいけません。自分は何を大事にしたいのか、どんなことで価値を生み出したいのか。それを自分自身で決めなければいけないのです。

常に自分をブラッシュアップする

ただし、チャレンジするからには、徹底的にやることです。寄り道をしている暇はありません。

私の場合で言えば、現在のテクノロジー環境で自分が戦える瞬間は、あと数年だと考えています。テクノロジーの進化の速さを考えれば、5年後には、自分を取り巻く環境は大きく変わっているはずです。いまの環境で戦いながら、新しい環境に適応できるようにしなければいけません。私がブロックチェーンの技術開発に注力するという決断をしたのも、そうした考えがベースにあるからです。

有名な経営者の方の中には、30年後、50年後を見据えて動くという方もいますが、いまの私には、まだそこまで先を見ることはできません。まずは5年先です。

日々、自分の目指すゴールから逆算して、今日何をすべきかを考える。人間の脳は逆算がとても苦手です。強く意識していなければ、すぐに行き当たりばったりになってしまいます。

その道のりも、一度決めればいいわけではありません。常にゴールを向き、世の中の変化を捉え、自分をブラッシュアップしていく。そうした5年を生きられない人は、次の5年を生きることもできないのです。

どんなことでも、積み上げていくことでしかゴールには近づけません。積み上げて、積み上げて、積み上げていく。だから一度出遅れてしまえば、リカバリーは極めて難しくなります。そのやり方のまま進んでいれば、また差が開く、また差が開く、また差が開く。

それほどまでに、世の中の変化は速いのです。

おわりに

本書の執筆中、私はGunosyの代表という立場を離れる決断をしました。
そう言うと少しネガティブに聞こえるかもしれませんが、主な意図は、ブロックチェーンという大波に乗り遅れないよう、創業者であり代表でもある私自身がその技術開発に専念するためです。Gunosyがさらなる前進をするための人事だと思っています。

背景を少しお話しすると、スマートフォン産業の成熟と次の10年を考えたとき、短期の改善と同時に、長期でしっかりと立ち上がってくる種を仕込まなければいけないという考えがありました。そのために、Gunosyは２０１６年より、私と竹谷祐哉の2名代表の体制をとっていました。長期的な分野の展開を私が、従来通りのスマホ・機械学習領域でのビジネス拡大を竹谷が担うという役割分担で、この2年間経営をしてきました。今後は、竹谷が単独代表となります。

長期的な分野に集中したいという意図とは裏腹に、代表である以上、全社の責任を負って経営を執行していかなければいけません。事業責任者との1on1、各プロダクトの全体戦略や施策優先度やKPIの把握、会社全体のリソース配分の議論、既存強化のための採用・広報へのコミット、リスクを取って投資していただいている株主様へのIR活動、取引先との関係構築など、短期中期的な経営執行のためにも、かなりのリソースや集中力を割いた2年間だったと振り返っています。

そんな中訪れた、ブロックチェーンという大波。世界中の天才的な起業家が人生の120パーセントをかけてそこに飛び込んでいく姿を目の当たりにしていると、いまの時間の使い方で本当に彼らに勝てるのだろうかという不安を、常に感じるようになりました。

上場企業には、短期的にも長期的にも成長にコミットしていく姿勢が求められます。今回の人事は、世間的に見ればイレギュラーかもしれませんが、かつてないほどテクノロジーやビジネス環境の変化が激しい時代において、あえて代表職を離れて次の波に集中するということが、今後のスタンダードにもなっていくのではないかと思っています。

世の中にはさまざまなトレンドの変化を表す言葉があります。最近では、「ＡＩ」「ＩｏＴ」「ＶＲ／ＡＲ」「動画」「Fintech」……。ただし、正しい理解をしない限り、これらは実体を持たないバズワードでしかありません。もっともらしい言葉にただ飛びつくのではなく、そのテクノロジーが持つ可能性、現状、どういった領域から何が変化していくかを見据えた上での戦略、そしてそれらを総合して、何がメインストリームで何がフェイクかを見極める力が、かつてないほど重要になっています。

この10年を振り返ってみると、メイントレンドは「モバイル」でした。この間に生まれたＩＴ系における新領域の価値のほとんどは「モバイル」から生まれています。そして私は、次の10年のメイントレンドは「ブロックチェーン」になるのだと確信しています。

本書では、主に、経営にテクノロジーをどう活かすのか、テクノロジーが市場環境の変化を左右する時代に、１人のビジネスパーソンがどう対応していけばいいのかという視点で、私がGunosyの経営を通じて学んだことを書かせていただきました。

そこに込めたのは、今後出てくるいろいろなテクノロジーのトレンドに対して、この国からもっとイノベーティブな企業や人材をどんどん送り出したい、そうなりたいと考える方のために、少しでも役に立ちたいという思いです。

この広大なビジネス環境・テクノロジー環境の中では、私もまた、読者のみなさんと同じく1人のビジネスパーソンです。本書に書いたような戦略・経営の描き方を私自身も更にブラッシュアップしつつ、本書に閉じることなく、今後大きく変わっていく世界にどう向き合っていくのかという答えを、結果と実績をもって示していきたいと考えています。

2018年9月　福島良典

福島良典（ふくしま・よしのり）

1988年生まれ、愛知県出身。東京大学大学院工学系研究科修了。大学院在学中に「グノシー」のサービスを開発し、2012年11月に株式会社Gunosyを創業、同社代表取締役に就任。2013年11月より同社代表取締役最高経営責任者（ＣＥＯ）に就任。同社は創業より約２年半というスピードで東証マザーズに上場、2017年12月には東証第一部へ市場変更する。「グノシー」は、2018年７月現在で2400万ダウンロードを突破。2018年８月、ブロックチェーン領域の技術開発のために新たに設立した、Gunosyの子会社である「株式会社LayerX」の代表取締役社長に就任。2012年度情報処理推進機構（IPA）「未踏スーパークリエータ」。2016年にはForbes Asiaよりアジアを代表する「30歳未満」に選出される。

センスのいらない経営

2018年９月19日　初版発行
2018年９月21日　２刷発行

著　者　福島良典
発行者　野村直克
発行所　総合法令出版株式会社
〒103-0001 東京都中央区日本橋小伝馬町15-18
ユニゾ小伝馬町ビル９階
電話　03-5623-5121
印刷・製本　中央精版印刷株式会社

ISBN 978-4-86280-636-9
総合法令出版ホームページ　http://www.horei.com/